安居滨海

——天津市滨海新区保障性住房改革成果汇编 2010-2013

Livable Binhai

—Achievements of Reform of Public Housing in Binhai New Area, Tianjin, China
2010-2013

天津市滨海新区规划和国土资源管理局　编著

中国建筑工业出版社

图书在版编目（CIP）数据

安居滨海——天津市滨海新区保障性住房改革成果汇编 2010-2013 / 天津市滨海新区规划和国土资源管理局编著．— 北京：中国建筑工业出版社，2013.10
ISBN 978-7-112-15678-8

Ⅰ．①安… Ⅱ．①天… Ⅲ．①住房制度改革—成果—汇编—滨海新区—2010-2013 Ⅳ．① F299.233.1

中国版本图书馆 CIP 数据核字（2013）第 178956 号

责任编辑：姚荣华　张文胜
书籍设计：京点设计
责任校对：王雪竹　刘　钰

安居滨海
——天津市滨海新区保障性住房改革成果汇编 2010-2013
天津市滨海新区规划和国土资源管理局　编著

*

中国建筑工业出版社出版、发行（北京西郊百万庄）
各地新华书店、建筑书店经销
北京京点图文设计有限公司制版
北京画中画印刷有限公司印刷

*

开本：787×1092 毫米　1/16　印张：17　字数：400 千字
2013 年 9 月第一版　2013 年 9 月第一次印刷
定价：99.00 元
ISBN 978-7-112-15678-8
(24207)

版权所有　翻印必究
如有印装质量问题，可寄本社退换
（邮政编码 100037）

本书编委会

主　　任：宗国英

副 主 任：蔡云鹏

成员单位：塘沽管委会、汉沽管委会、大港管委会、天津经济技术开发区管委会、天津港保税区（空港经济区）管委会、天津滨海高新技术产业开发区管委会、中新天津生态城管委会、滨海旅游区管委会、临港经济区管委会、北塘经济区管委会、中心渔港管委会、轻纺经济区管委会、滨海新区住房保障中心、天津渤海规划设计院、天津城市规划设计研究院滨海分院

主　　编：霍　兵

副 主 编：郭富良

编辑人员：沈学民　常　征　李红星　郝　刚　陈　晶　翟　坤

序

当前，我国正处在城市化城镇化发展的关键时期。这一时期，各大城市都面对着城市住房保障的共同课题。现在我国城镇化率已经达到52.6%，而且每年以1个百分点的速度在提升。解决好住房问题，特别是解决好中低收入群体的住房问题，做到居者有其屋，不仅关系到基层群众的切身利益，更关系到我国经济的可持续发展和整体竞争力的提升。

天津滨海新区是中国北方对外开放的门户，也是服务和带动环渤海区域经济发展新的增长极。滨海新区自2010年正式设立行政区以来，生产总值年均增长23.4%，2012年达到了7206亿元，在国家级新区中位列第一，在全国除直辖市外城市排名中位列第九位。伴随着经济的快速发展，劳动力、资本、企业、政策等各种生产要素加速集聚，人口聚集效应和城镇化人口转移效应也日益显现。目前，滨海新区常住人口300万人，初步预测，到2015年将达到360万人，2020年将超过520万，外来人口将达到70%。在这些外来人口中，年轻的产业工人占大多数，高学历和具有专业技术技能的新毕业大学生将成为新区重要的外来人口组成部分。滨海新区加速推进现代化建设进程，必须坚持以人为本，着力解决广大群众在生产生活中遇到的各种困难和问题，特别是下大力量建立和完善外来建设者的住房供应机制，提升居住品质。这也是滨海新区迈向现代、宜居、生态新区的必然选择。

滨海新区政府成立以来，我们坚持以"惠民生"为己任，深入推进住房保障制度改革，着力构建以政府为主提供基本保障、以市场为主满足多层次需求的住房供应体系。现在，新区已经构建了商品房、限价商品房、定单式商品房、经济适用房、廉租房等多层次保障体系，做到"低端有保障、中端有供给、高端有市场"，满足了各类群体的住房需求，实现了应保尽保。同时，针对外来常住人口和户籍人口中"夹心层"的住房问题，通过发放"两种补贴"、建设"两种保障性住房"、建设"两种政策性住房"等保障方式，努力消除政策性差异，维护社会公平稳定。在保障性住房建设上，提出"量质兼顾、以质为先"的工作要求。在量的方面，五年内提供可满足200万人需求的住房建设规模；在质的方面，注重打造保障性住房社区的生活品质、环境品质、生态品质、服务品质和文化品质，营造富有魅力的庭院生活、城市生活，让市民享受到安心与快乐。

保障性住房改革，是滨海新区政府实施综合配套改革的一项内容。此次由规划和国土资源管理局编辑的《安居滨海—天津市滨海新区保障性住房改革成果汇编2010-2013》一书，主要包括政策篇、规划篇、建设篇、基础篇、科研篇及宣传篇等六个篇章，从不同方面介绍滨海新区保障性住房改革三年来所取得的成果和经验，尚不成熟，意在总结经验，寻找差距，希望能起到抛砖引玉之作用。下一步，我们将坚定不移走改革创新之路，充分发挥先行先试作用，不断深化保障性住房制度改革，逐步推进科学化、标准化、产业化进程，为建设美丽滨海奠定坚实基础。

一花而见春，一叶而知秋，希望读者能够通过此书深入了解新区保障性住房改革，也能体会到新区创新发展的历程。诚挚欢迎社会各界有识之士提出宝贵意见，为滨海新区开发建设献计献策，共同创造滨海新区美好未来。

是为序。

天津市　　副市长
滨海新区人民政府区长

目 录

政策篇

关于建立滨海新区社会保障性住房建设领导小组的通知..........2
天津市滨海新区保障性住房建设与管理暂行规定..........4
滨海新区深化保障性住房制度改革实施方案..........13
关于滨海新区深化保障性住房制度改革的意见..........19
滨海新区蓝白领公寓规划建设管理办法..........23
滨海新区定单式限价商品住房管理暂行办法..........28
关于落实2011年保障性住房和定制商品住房建设工作责任目标的实施意见..........47
关于落实2012年住房保障工作责任目标的实施意见..........50
关于落实2013年住房保障工作责任目标的实施意见..........53

规划篇

滨海新区住房建设"十二五"规划..........58
保障性住房重点建设片区..........71

建设篇

公共租赁住房..........92
蓝白领公寓..........95

经济适用住房……110
政府公屋……113
限价商品住房……115
定单式限价商品住房……122

基础篇

新区政协关于保障性住房建设情况跟踪调研的报告……134
新区政协关于蓝白领公寓建设和管理情况的调查与建议……138
关于开展廉租住房和经济租赁住房租房补贴使用情况调查的总结报告……141
关于借鉴日本、新加坡、中国香港特区保障性住房管理经验的报告……143
需求调查、销售审核工作情况……149
定单式限价商品住房需求调查工作报告……151
"市政协关于率先在滨海新区抑制房地产暴利、降低房价的建议"的提案回复……154
"市政协关于解决非天津籍员工住房难的建议"的提案回复……155
"市政协关于建设和完善新生代农民工集中性公寓及其功能的建议"的提案回复……156
"新区人大关于解决滨海新区企业员工住房问题"的议案回复……157
"新区人大关于加大外来务工人员户籍准入力度和保障性住房分配力度的建议"的议案回复……158
"新区人大关注新区人口增长特点，突出保障性住房的保障的建议"的议案回复……159
"新区政协关于滨海新区完善政府分类，健全住房保障运行机制的几点建议"的提案回复……161
"新区政协关于保障性住房建设中存在的问题及建议""的提案回复……163

科研篇

滨海新区房价收入比研究 166

滨海新区保障性住房人群特点与定居意愿研究 175

滨海新区定单式限价商品住房房型研究 185

关于滨海新区保障性住房规划设计专家研讨会的报告 211

滨海新区和谐新城居住社区规划方案研究 231

宣传篇

滨海欣嘉园盛大开盘　闪耀岁末滨海 242

天津滨海新区保障性住房申请受理工作进入新阶段 245

两会代表委员关注保障房建设 247

天津滨海新区摸底市民保障房需求 248

滨海新区欣嘉园商业广场完工 250

滨海新区廉租房和经济租赁房租房补贴调查结果出炉 251

滨海新区保障性住房建设：打造新区人"新家园" 253

《滨海新区蓝白领公寓规划建设管理办法》正式出台 254

天津滨海新区保障性住房规划设计专家研讨会召开 256

滨海欣嘉园迎来首批住户　各项生活配套全面启动 257

滨海新区创新住房保障共享发展成果 259

网络宣传 263

后　记 264

政策篇

保障性住房制度改革是滨海新区"十大改革"之一，滨海新区充分发挥先行先试的政策优势，结合新区新型工业和移民城市特点，重点解决外来务工人员和住房困难居民、户籍人口中"夹心层"的居住问题，力争在关键政策环节上取得突破，从而实现构建滨海新区多层次、多渠道、科学普惠住房体系的既定目标，努力成为深入贯彻科学发展的排头兵，为我市及区域发展提供经验和示范。

在天津市住房保障政策的整体框架下，根据滨海新区的实际情况及特点，先后制定了《天津市滨海新区保障性住房建设与管理暂行规定》、《滨海新区深化保障性住房制度改革实施方案》、《天津市滨海新区蓝白领公寓规划建设管理办法》、《滨海新区定单式限价商品住房管理暂行办法》等规范性文件，进一步完善和创新滨海新区住房保障制度。通过发放"两种补贴"、建设两种保障性住房、两种政策性住房，在确保户籍人口中低收入住房困难人群应保尽保的同时，重点解决外来常住人口住房困难问题，形成"低端有保障、中端有供给、高端有市场"的房地产市场健康新模式，逐步健全政府主导、市场引领、多层次、多渠道、科学普惠的住房体系。

本篇整理收录了新区保障性住房改革中的主要政策文件为关注滨海新区保障性住房制度改革的政府决策者、研究人员、学生与市民们提供参考与借鉴。

关于建立滨海新区社会保障性住房建设领导小组的通知

津滨党 [2012] 37 号

塘沽、汉沽、大港工委、管委会，各功能区管委会党组、滨海高新区工委、管委会，区委各部委，区级国家机关各党组（党委），新区市属国有企业党委，各有关单位党组织：

为加强滨海新区社会保障性住房工作的统一领导，高效有序地开展社会保障性住房建设管理工作，更好地为新区经济建设服务，经区委、区政府批准，决定成立滨海新区社会保障性住房建设领导小组，领导小组组成人员如下：

组　　长：宗国英　　区委副书记、区长
副 组 长：张继和　　区委副书记
　　　　　刘子利　　区委常委、常务副区长
　　　　　张建军　　区人大常委会副主任
　　　　　蔡云鹏　　副区长
　　　　　郑伟铭　　副区长
　　　　　刘胜和　　区政协副主席
成　　员：刘玉友　　塘沽管委会主任
　　　　　唐广强　　汉沽管委会主任
　　　　　张传捷　　大港管委会主任
　　　　　张　军　　开发区管委会副主任
　　　　　冯志江　　保税区管委会主任
　　　　　赵海山　　滨海高新区管委会主任
　　　　　张爱国　　东疆保税港区管委会主任
　　　　　崔广志　　中新生态城管委会副主任
　　　　　陈黎明　　滨海旅游区管委会主任
　　　　　王政山　　中心商务区管委会主任
　　　　　张心德　　临港工业区管委会主任
　　　　　杨振江　　区发展和改革委员会主任
　　　　　王玉燕　　区监察局局长
　　　　　孙长顺　　区民政局局长

姚来英　　区财政局局长
霍　兵　　区规划和国土局局长
王国良　　区建设和交通局局长

领导小组主要职责是加强对全区社会保障性住房工作的统一领导，协调和统筹全区社会保障性住房建设管理并对重大问题进行研究决策。领导小组下设办公室，办公室主任由蔡云鹏兼任，王国良任常务副主任，区发改委于泳、区财政局杜金熊、区规土局郭富良、区建交局肖瑞捷任副主任。

塘沽、汉沽、大港管委会和各功能区管委会应成立相应领导机构，负责本辖区内保障性住房建设管理工作。

中共天津市滨海新区委员会
天津市滨海新区人民政府
2010年7月27日

天津市滨海新区保障性住房建设与管理暂行规定

第一章 总 则

第一条 为规范天津市滨海新区（下称新区）保障性住房建设、配租、配售（销售）和管理，构建和完善新区多层次、多渠道、科学普惠的住房保障体系，强化政府住房保障职能，切实解决新区中低收入家庭和来新区就业各类人员的住房困难问题，根据《关于印发天津市廉租住房管理办法的通知》（津政发〔2008〕38号）、《关于印发天津市限价商品住房管理暂行办法的通知》（津政发〔2008〕39号）和《关于印发天津市经济适用住房管理办法的通知》（津政发〔2008〕40号）等天津市保障性住房相关规定，结合新区实际情况，制定本规定。

第二条 本规定适用于滨海新区行政区域内保障性住房的规划、建设、分配、使用和监督等管理与服务工作。

第三条 本规定所称保障性住房，是指政府提供优惠，限定户型、面积、租金标准和销售价格，向具有新区非农业户籍中低收入住房困难家庭和来新区就业各类人员，以出租或者出售方式提供的，具有保障性质的政策性住房。

保障性住房包括廉租住房、经济适用住房、限价商品住房和蓝白领公寓。

廉租住房是指政府提供优惠，限定户型、面积和租金标准，向具有新区非农业户籍低收入住房困难家庭和特定对象，以出租方式提供的，具有保障性质的政策性住房。廉租住房保障方式实行租房补贴、实物配租和公有住房租金核减三种方式相结合。

经济适用住房是指由政府提供优惠，限定户型、面积和销售价格，向具有新区非农业户籍低收入住房困难家庭以出售方式提供的，具有保障性质的政策性住房。

限价商品住房是指政府提供优惠，限定户型、面积和销售价格，向具有新区非农业户籍中低收入住房困难家庭和来新区就业各类人员，以出售方式提供的，具有保障性质的政策性住房。新区限价商品住房分为面向社会住房困难家庭的普通限价商品住房和面向企业、单位的企业定制限价商品住房。

蓝白领公寓是指政府提供优惠，限定房型、面积和租金标准，向来新区就业各类人员，以出租方式提供的，具有保障性质的政策性住房。

第四条 解决新区居民的住房困难是新区人民政府的重要职责，相关管委会承担相应责任。

应当优先解决具有新区非农业户籍低收入家庭和来新区就业缴纳社会保险的各类人

员住房困难,对其中属于最低生活保障对象的住房困难家庭实行应保尽保,并可以根据实际情况对其他住房困难家庭予以适度保障。

第五条 保障性住房实行统一规划、统一建设、统一分配、统一管理。

保障性住房管理应当遵循公开、公平、公正的原则,实行严格的准入与退出机制。

第六条 新区住房保障行政管理部门依照本规定负责新区保障性住房的组织实施和管理。其他有关行政管理部门和管委会在各自职责范围内做好保障性住房管理工作。新区街道办事处(镇人民政府)依据本规定做好相关工作。

第二章 规划与建设

第七条 新区住房保障行政管理部门负责研究拟定保障性住房发展规划、年度计划,并纳入国民经济和社会发展规划、年度计划,及时向社会公布。

新区住房保障行政管理部门应当建立新区住房信息管理系统,加强对新区保障性住房建设供给和需求的分析,作为编制保障性住房发展规划、年度计划的重要依据。

第八条 保障性住房房源按照政府统筹、市场运作的原则,可以组织建设,也可以通过回收、回购、收购、接受捐赠等途径筹集。

新区住房保障行政管理部门应当建立保障性住房房源管理制度。保障性住房的地段、户型、面积、价格、交付期限及供给对象等信息应当及时向社会公布。

第九条 保障性住房建设用地应当纳入新区年度土地供应计划,确保优先供应。

第十条 保障性住房应当统筹规划、合理布局、配套建设,充分考虑住房困难家庭对交通、就医、就学等配套设施的要求。每项保障性住房建设中应配建一定比例的廉租住房和经济适用住房。保障性住房建设坚持小户型、统一装修、经济实用、节能省地的原则,满足住户的基本住房需求。保障性住房建设、户型、面积等标准由新区住房保障行政管理部门按照国家和我市有关规定,结合新区实际确定,报新区人民政府批准后向社会公布。

第十一条 保障性住房建设资金按下列渠道筹集:

(一)年度财政预算安排的专项建设资金;

(二)提取贷款风险准备金和管理费用后的住房公积金增值收益余额;

(三)土地出让金净收益中按照不低于10%的比例安排的资金;

(四)保障性住房售房款;

(五)保障性住房建设融资款;

(六)其他方式筹集的资金。

第十二条 保障性住房建设资金应当专项用于下列支出:

(一)新建、改建、回购保障性住房;

(二)收购其他住房用作保障性住房;

（三）保障性住房分配之前所需的维护和管理；

（四）偿付保障性住房建设融资本息。

保障性住房建设资金筹集及支出，国家和我市另有规定的，按照有关规定执行。

第十三条 保障性住房建设资金实行专项管理、分账核算、专款专用。

保障性住房建设资金的筹集、拨付、使用、管理和租金收支，依法接受审计机关的审计监督和有关部门的监督。

第三章 申请与分配

第十四条 具有新区非农业户籍的中低收入住房困难家庭，可以申请保障性住房。

住房困难标准、住房保障面积标准、家庭收入标准以及具体的住房保障方式，由新区住房保障行政管理部门制定，报新区人民政府批准，定期向社会公布。

在新区工作缴纳社会保险的各类人员可申请承租蓝白领公寓；也可申请购买面向企业、单位的企业定制限价商品住房。

第十五条 申请保障性住房之前的5年内有房产转让行为的不得申请保障性住房。

第十六条 申请保障性住房的家庭由申请人提出申请，申请人的配偶和未成年子女必须共同申请；其他家庭成员也可以共同申请。申请家庭的收入、住房面积应当合并计算。

申请家庭包括新区符合保障性住房申请条件、达到规定年龄的单身居民。

第十七条 符合申请条件的每一家庭只能申请一套保障性住房。

第十八条 申请保障性住房的家庭，应当如实申报家庭人口、户籍、收入、住房等相关信息，提交下列资料：

（一）保障性住房申请审核表；

（二）家庭住房状况的证明材料；

（三）家庭成员身份证和户口簿；

（四）新区人民政府规定的其他证明材料。

属低收入家庭的，还应当提交家庭收入情况的证明材料。

申请家庭应当声明同意接受管委会房管部门和有关行政管理部门对其户籍、收入、住房等情况的调查核实。

第十九条 保障性住房配租、配售（销售）实行申请、审核、公示和发证制度。

新区保障性住房配租、配售（销售）坚持公开、公平、公正的原则。按照就近、排序、选房的程序进行配租、配售（销售）。在房源不足的情况下采取摇号、轮候方法配租、配售（销售）。

第二十条 申请保障性住房，按照下列程序办理：

新区非农业户籍申请廉租住房的家庭，向户籍所在地街道办事处（镇人民政府）提员住房困难，对其中属于最低生活保障对象的住房困难家庭实行应保尽保，并可以根据实际情况对其他住房困难家庭予以适度保障。

第五条 保障性住房实行统一规划、统一建设、统一分配、统一管理。

保障性住房管理应当遵循公开、公平、公正的原则，实行严格的准入与退出机制。

第六条 新区住房保障行政管理部门依照本规定负责新区保障性住房的组织实施和管理。其他有关行政管理部门和管委会在各自职责范围内做好保障性住房管理工作。新区街道办事处（镇人民政府）依据本规定做好相关工作。

第二章 规划与建设

第七条 新区住房保障行政管理部门负责研究拟定保障性住房发展规划、年度计划，并纳入国民经济和社会发展规划、年度计划，及时向社会公布。

新区住房保障行政管理部门应当建立新区住房信息管理系统，加强对新区保障性住房建设供给和需求的分析，作为编制保障性住房发展规划、年度计划的重要依据。

第八条 保障性住房房源按照政府统筹、市场运作的原则，可以组织建设，也可以通过回收、回购、收购、接受捐赠等途径筹集。

新区住房保障行政管理部门应当建立保障性住房房源管理制度。保障性住房的地段、户型、面积、价格、交付期限及供给对象等信息应当及时向社会公布。

第九条 保障性住房建设用地应当纳入新区年度土地供应计划，确保优先供应。

第十条 保障性住房应当统筹规划、合理布局、配套建设，充分考虑住房困难家庭对交通、就医、就学等配套设施的要求。每项保障性住房建设中应配建一定比例的廉租住房和经济适用住房。保障性住房建设坚持小户型、统一装修、经济实用、节能省地的原则，满足住户的基本住房需求。保障性住房建设、户型、面积等标准由新区住房保障行政管理部门按照国家和我市有关规定，结合新区实际确定，报新区人民政府批准后向社会公布。

第十一条 保障性住房建设资金按下列渠道筹集：

（一）年度财政预算安排的专项建设资金；

（二）提取贷款风险准备金和管理费用后的住房公积金增值收益余额；

（三）土地出让金净收益中按照不低于10%的比例安排的资金；

（四）保障性住房售房款；

（五）保障性住房建设融资款；

（六）其他方式筹集的资金。

第十二条 保障性住房建设资金应当专项用于下列支出：

（一）新建、改建、回购保障性住房；

（二）收购其他住房用作保障性住房；

（三）保障性住房分配之前所需的维护和管理；

（四）偿付保障性住房建设融资本息。

保障性住房建设资金筹集及支出，国家和我市另有规定的，按照有关规定执行。

第十三条 保障性住房建设资金实行专项管理、分账核算、专款专用。

保障性住房建设资金的筹集、拨付、使用、管理和租金收支，依法接受审计机关的审计监督和有关部门的监督。

第三章　申请与分配

第十四条 具有新区非农业户籍的中低收入住房困难家庭，可以申请保障性住房。

住房困难标准、住房保障面积标准、家庭收入标准以及具体的住房保障方式，由新区住房保障行政管理部门制定，报新区人民政府批准，定期向社会公布。

在新区工作缴纳社会保险的各类人员可申请承租蓝白领公寓；也可申请购买面向企业、单位的企业定制限价商品住房。

第十五条 申请保障性住房之前的5年内有房产转让行为的不得申请保障性住房。

第十六条 申请保障性住房的家庭由申请人提出申请，申请人的配偶和未成年子女必须共同申请；其他家庭成员也可以共同申请。申请家庭的收入、住房面积应当合并计算。

申请家庭包括新区符合保障性住房申请条件、达到规定年龄的单身居民。

第十七条 符合申请条件的每一家庭只能申请一套保障性住房。

第十八条 申请保障性住房的家庭，应当如实申报家庭人口、户籍、收入、住房等相关信息，提交下列资料：

（一）保障性住房申请审核表；

（二）家庭住房状况的证明材料；

（三）家庭成员身份证和户口簿；

（四）新区人民政府规定的其他证明材料。

属低收入家庭的，还应当提交家庭收入情况的证明材料。

申请家庭应当声明同意接受管委会房管部门和有关行政管理部门对其户籍、收入、住房等情况的调查核实。

第十九条 保障性住房配租、配售（销售）实行申请、审核、公示和发证制度。

新区保障性住房配租、配售（销售）坚持公开、公平、公正的原则。按照就近、排序、选房的程序进行配租、配售（销售）。在房源不足的情况下采取摇号、轮候方法配租、配售（销售）。

第二十条 申请保障性住房，按照下列程序办理：

新区非农业户籍申请廉租住房的家庭，向户籍所在地街道办事处（镇人民政府）提出申请；申请经济适用住房和限价商品住房的，向相关管委会房管部门提出申请；街道办事处（镇人民政府）对廉租住房申请进行初审，报管委会房管部门、民政部门。管委会房管部门、民政部门对廉租住房、经济适用住房和限价商品住房申请进行审核后公示，无异议的由管委会房管部门核发保障性住房配租、配售（购买）资格证明，录入信息系统、建立申请家庭住房档案，并向新区住房保障行政管理部门备案。

非新区户籍在新区缴纳社会保险的申请企业定制限价商品住房的各类人员，向所在企业、单位提出申请，所在企业、单位对申请资格初审后报管委会劳动人力资源部门，管委会劳动人力资源部门审核签署意见后，由企业、单位报新区住房保障行政管理部门，经复核符合条件的，进行公示，无异议的由新区住房保障行政管理部门核发企业定制限价商品住房购买资格证明，录入信息系统、建立申请人员住房档案。

非新区户籍在新区缴纳社会保险的申请蓝白领公寓的各类人员，向所在企业、单位提出申请，所在企业、单位对申请资格进行初审后报管委会房管部门，经复核符合条件的，进行公示，无异议的由管委会房管部门核发蓝白领公寓配租资格证明，录入信息系统、建立申请人员住房档案，并向新区住房保障行政管理部门备案。

第二十一条 保障性住房申请家庭在轮候期间，家庭人口、户籍、收入、住房等情况发生变化不再符合保障性住房申请条件的，应当如实向管委会房管部门申报，并退出轮候。

第二十二条 有下列情形之一的低收入住房困难家庭，在轮候时予以优先分配：

（一）享受最低生活保障的家庭（包括特困家庭）；

（二）孤老家庭；

（三）申请家庭成员中有属于重度残疾、重点优抚对象、获得市级以上见义勇为表彰、特殊贡献奖励、劳动模范称号的。

第二十三条 有下列情形之一的申请家庭，可以予以单列分配：

（一）居住在危房的；

（二）居住在已确定拆迁范围内的住房且不符合安置条件的。

第二十四条 保障性住房的分配房源、分配方案及分配结果，由新区住房保障行政管理部门及时向社会公布，接受监督。

第四章 售价与租金

第二十五条 保障性住房的租金标准、销售价格由新区住房保障行政管理部门会同新区物价行政管理部门，按照国家和我市有关规定确定。

第二十六条 取得购买保障性住房资格的，未在新区住房保障行政管理部门规定的时限内签订保障性住房买卖合同及未按合同规定期限缴纳购房款的，视为放弃本次购房资格。

承租保障性住房的，应当按合同约定及时缴纳租金；无正当理由累计欠缴租金超过六个月的，按市场指导租金标准计租。

第二十七条 保障性住房租金收入全额上缴新区财政专户，实行收支两条线管理，用于保障性住房的维护和管理费用以及国家和我市规定的支出。

第五章 使用管理

第二十八条 新区保障性住房实行入住备案制度。

第二十九条 保障性住房的住户不得违反规定将保障性住房出租、空置、转借、调换、转让、抵押以及作为经营性用房。

承租保障性住房的，应当在接到办理入住手续通知后的两个月内办理交房手续并入住。承租的保障性住房连续空置不得无故超过六个月。

第三十条 新区住房保障行政管理部门应当加强对保障性住房使用情况的监督管理。管委会房管部门具体负责对保障性住房住户的使用情况进行调查、核实、提出处理意见。

第三十一条 物业服务企业受新区住房保障行政管理部门委托，应当建立保障性住房住户、住房档案，将住户入住情况登记造册，及时了解和掌握保障性住房的使用情况，发现违反规定使用保障性住房以及住户的家庭人口、收入、住房变化等情况，应当及时报告所在管委会房管部门。

保障性住房住户有义务配合物业服务企业、管委会房管部门和新区住房保障行政管理部门对保障性住房使用情况的核查工作。

第三十二条 保障性住房住户不得改变房屋用途，不得损毁、破坏，不得擅自装修和改变房屋结构、配套设施。

第三十三条 保障性住房住户应当及时缴纳物业服务费用。

未分配的保障性住房的物业服务费用，由新区住房保障行政管理部门按规定向物业服务企业支付。

第六章 退 出

第三十四条 按本规定取得经济适用房不得上市转让，购房人需转让经济适用住房的，由新区住房保障行政管理部门按原价格并考虑成新和物价水平等因素进行回购。

第三十五条 购买限价商品住房满五年，购房人可以上市交易，上市交易增值部分个人收益70%，政府收益30%。

退出保障性住房的申请家庭不得再次申请保障性住房。因特殊情况退出保障性住房的，重新申请应按有关规定办理。

上述规定应当在保障性住房买卖合同中予以载明，并明确相关违约责任。

第三十六条 申请家庭已取得廉租住房、经济适用住房后又拥有其他住房的，应当主动向管委会房管部门申报并退出保障性住房。退出的保障性住房由新区住房保障行政管理部门按规定及合同约定收回或者回购。

第三十七条　承租保障性住房的，其家庭人口、户籍、收入、住房等情况发生变化时，应当主动申报。新区住房保障行政管理部门对不符合承租条件的，收回保障性住房。

承租保障性住房合同期满需继续承租的，应当提前三个月向管委会房管部门提出申请。经审核仍符合承租条件的，续签租赁合同。

租赁合同期满未再申请或者经审核不符合承租条件的，房屋由新区住房保障行政管理部门收回。

第七章　监督管理

第三十八条　申请保障性住房时或者在轮候期间，不如实申报家庭人口、户籍、收入、住房等情况及其变化的，取消其轮候资格。

第三十九条　对弄虚作假、隐瞒家庭收入和住房条件骗取保障性住房的，收回房屋。对出具虚假证明的，依法追究相关责任人的责任。

第四十条　保障性住房除购房按揭抵押外不得进行商业性抵押，违反规定的收回房屋。

第四十一条　出租、空置、转借、调换、经营、转让保障性住房，擅自装修和改变房屋用途，损毁、破坏和改变房屋结构和配套设施的，收回房屋。

保障性住房承租户在接到办理入住手续通知后两个月内未办理手续并入住的，取消其承租资格；承租的保障性住房无故连续空置超过六个月的，收回房屋。

第四十二条　不按期缴纳租金的，责令补缴，并加收每逾期一日应缴金额千分之三的滞纳金；逾期十个月以上的，收回房屋。

第四十三条　按照本规定，取消申请轮候资格或者收回房屋的，申请家庭五年内不得再申请社会保障性住房。

第四十四条　应当退出保障性住房而未退出的，自应当收回之日起按市场租金标准缴纳租金，并可给予三个月的过渡期；过渡期满仍拒不退出的，交由相关部门强制执行。

第四十五条　任何单位和个人有权对违反本规定的行为进行举报，接受举报的单位应当依法进行调查、核实和处理，并及时将处理结果反馈举报人。

第四十六条　保障性住房管理工作人员滥用职权、玩忽职守、徇私舞弊的，依法给予处分；构成犯罪的，依法追究刑事责任。

第八章　附　则

第四十七条　符合廉租住房保障条件的低收入住房困难家庭，可以按新区人民政府规定申请廉租住房租房补贴。

已领取廉租住房租房补贴的家庭,可以申请保障性住房,在购买保障性住房后停止发放租房补贴。

第四十八条 具有新区非农业常住户口,享受城镇最低生活保障待遇的家庭或民政部门定期定量补助的社会优抚对象承租的公有住房可享受租金核减政策。

第四十九条 本规定未尽事宜依据国家和天津市保障性住房相关规定办理。

第五十条 本规定自2010年6月23日至2015年6月22日施行。

附件:滨海新区保障性住房保障标准和申请条件

一、廉租住房

(一)廉租住房保障标准

廉租住房套型建筑面积控制在50平方米以内,普通精装修,配备厨卫等必要设备,具备基本生活功能。一个家庭限定配租一套廉租住房,廉租住房租金标准采取政府指导价。符合廉租住房租房补贴条件的家庭,享受廉租住房租房补贴。

(二)廉租住房租房补贴标准

1. 租房补贴标准和租房补贴面积标准。租房补贴标准为:每月每平方米使用面积28元,租房补贴面积标准为:人均使用面积12平方米。

2. 月租房补贴额的计算。家庭应补贴面积小于15平方米的,按15平方米计算。每户家庭最低月租房补贴额为:410元。

(三)廉租住房申请条件

1. 具有新区非农业常住户口;

2. 家庭上年人均月收入低于800元(含);

3. 家庭人均现住房使用面积低于9平方米(含)。

(四)廉租住房退出

出现下列不符合承租条件情形的,新区住房保障行政管理部门依法收回房屋。

1. 家庭住房或收入已超过规定标准的;

2. 拥有其他房屋的;

3. 申请家庭成员户籍均已迁出新区的;

4. 出现不符合承租廉租住房的其他情形的。

二、经济适用住房

(一)经济适用住房保障标准

经济适用住房套型建筑面积控制在60平方米左右。普通精装修。

(二)经济适用住房销售价格

经济适用住房的销售价格实行政府指导价管理。由新区住房保障行政管理部门会同物价部门按照我市有关规定,在综合考虑建设、管理成本和不高于3%利润的基础上确定。

(三)经济适用住房申请条件

1. 具有新区非农业常住户籍,申请经济适用住房之前的5年内没有房产转让行为的;

2. 家庭上年收入低于新区统计局公布的城镇单位从业人员人均劳动报酬2倍的;

3. 人均住房使用面积低于9平方米(含);

4. 拆迁实行货币补偿安置,原则上房屋拆迁货币补偿安置费中拆迁房屋房地产市场评估价格低于25万元,他处住房合计建筑面积40平方米以下或使用面积30平方米以下。

符合经济适用住房购买条件的家庭每户只允许申请购买一套经济适用住房。

(四)经济适用住房退出

经济适用住房不得上市转让,但可向新区住房保障行政管理部门申请回购,回购价格按原成交价格并考虑成新和物价水平等因素确定。

退出经济适用住房的申请家庭不得再次申请经济适用住房。因特殊情况退出经济适用住房的,重新申请应按有关规定办理。

三、限价商品住房

(一)限价商品住房保障标准

限价商品住房分为面向社会住房困难家庭的普通限价商品住房和面向企业、单位的企业定制限价商品住房。面向社会的普通限价商品住房套型建筑面积控制在90平方米以下,一居室50平方米左右,两居室70平方米左右。其中一居室、两居室住房套数的比例不低于70%;面向企业、单位的企业定制限价商品住房套型建筑面积在90平方米以下的住房套数比例不低于90%,套型建筑面积在120平方米左右的住房套数比例最高不超过10%。

(二)限价商品住房销售价格

限价商品住房的销售价格实行政府指导价管理。由新区住房保障行政管理部门会同物价部门按照我市有关规定,在综合考虑土地整理成本、建筑安装成本、配套成本、项目管理费用和利润等因素基础上测定限价商品住房销售价格。原则上比测定销售价格前3个月内周边或同地区普通商品住房价格低20%左右。

(三)限价商品住房申请条件

1. 面向社会住房困难家庭的普通限价商品住房

(1)具有新区非农业户籍,申请限价商品住房之前的5年内没有房产转让行为的;

(2) 家庭人口原则上在 2 人（含）以上，男超过 25 岁、女超过 23 岁的未婚人员及离异（离异时间 2 年以上）、丧偶人员也可作为单人户申请；

(3) 家庭住房建筑面积不超过 60 平方米；

(4) 家庭上年人均收入低于 3 万元；

(5) 在计算家庭上年人均收入时，2 人（含）以下家庭的家庭人口可按实际人口数的 1.5 倍计算。

2. 面向企业、单位的企业定制限价商品住房

(1) 在滨海新区工作，签订劳动合同缴纳社会保险的各类人员；

(2) 工作地 20 公里范围内无住房；

(3) 为鼓励各类人员长期在新区工作居住，限制炒房。新区实行限价商品住房购房、办证分离制度，在新区缴纳社会保险 3 年（含）以上或社会保险关系转移到新区，年龄 25 周岁以上的购房人方可办理房地产权证。

（四）限价商品住房退出

购买限价商品住房满五年，购房人可上市交易，上市交易增值部分个人收益 70%，政府收益 30%。

退出限价商品住房的申请家庭不得再次申请限价商品住房。因特殊情况退出限价商品住房的，重新申请应按有关规定办理。

四、蓝白领公寓

（一）蓝白领公寓保障标准

1. 蓝领公寓是指政府提供优惠，限定房型、面积和租金标准，向来新区就业的各类技术工人，以出租方式提供的，具有保障性质的政策性住房。蓝领公寓人均建筑面积 6 平方米左右。

2. 白领公寓是指政府提供优惠，限定房型、面积和租金标准，向来新区就业的各类管理和科技人员，以出租方式提供的，具有保障性质的政策性住房。白领公寓人均使用面积不高于 25 平方米。

（二）蓝白领公寓申请条件

在新区就业缴纳社会保险的无住房人员均可在企业所属管委会申请承租蓝白领公寓。

（三）退出

出现下列不符合承租条件情形的，所属管委会管理单位收回房屋。

1. 拥有其他房屋的；

2. 申请人不在新区就业的；

3. 出现不符合承租蓝白领公寓的其他情形的。

滨海新区深化保障性住房制度改革实施方案

津滨党办发 [2011]64 号

深化保障性住房制度改革是 2011 年滨海新区"十大改革"重点项目之一，充分发挥先行先试的政策优势，在关键环节上取得突破，消除体制障碍，为加快推进"十大战役"，打好开发开放攻坚战，努力成为深入贯彻科学发展排头兵，提供安居保障，为全国深化住房制度改革提供经验和示范，特制定深化保障性住房制度改革（2011-2013）实施方案。

一、总体目标

进一步完善和创新新区住房保障方式，在确保户籍人口中低收入人群应保尽保的基础上，重点解决外来常住人口和户籍人口中"夹心层"的住房问题，做到"低端有保障、中端有供给、高端有市场"，构建政府主导、市场引领、多层次、多渠道、科学普惠的住房供应体系，率先实现小康社会的居住目标。

二、保障方式

采取发放两种补贴、建设两种保障性住房和两种政策性住房的方式。

（一）发放两种补贴

家庭人均年收入 2 万元以下，人均居住面积在 12 平方米以下的家庭，享受政府的廉租住房租房补贴和经济租赁住房租房补贴。目前新区符合条件家庭已全部享受，解决了最低收入家庭的住房问题。目前享受租房补贴家庭实际租房率达到 99%。

（二）建设两种保障性住房

1. 公共租赁住房

家庭人均年收入 3 万元以下，人均居住面积 12 平方米以下的家庭，政府提供公共租赁住房，租金价格相当于市场价格的 70%。目前新区符合条件的家庭有 2600 余户。新区今年开工建设公共租赁住房 13 万平方米，2013 年竣工，做到对符合条件的家庭都有房源提供。

2. 限价商品住房

家庭人均年收入 3 万元以下，住房面积 60 平方米以下的家庭，政府提供限价商品住房。新区今年开工建设 22 万平方米，2013 年竣工，做到对符合条件的 3189 户家庭都有房源提供。

以上家庭是按照目前全市的统一政策列入保障性住房范围，新区到 2013 年做到应保尽保。以后根据政策调整，动态满足。

（三）建设两种政策性住房

政策性住房包括蓝白领公寓和定单式限价商品住房。

1. 蓝白领公寓

针对外来务工人员和新就业大学毕业生建设蓝白领公寓。蓝白领公寓是公共租赁住房的一种形式，主要面向在新区就业、签订劳动合同的单身职工提供，降低务工人员居住成本，同时起到"启动器""吸附器"的作用，为招商引资创造条件。目前新区已建成 200 余万平方米，解决了 20 多万职工的住房需求。今年新区开工建设 91 万平方米，能满足 10 万人的需求。

在解决外来务工人员住房的基础上，由住房主管部门与各行业主管部门制定"建设者之家"、环卫、园林职工公寓等建设管理办法，着手考虑在新区从事建筑施工、园林绿化、环境保洁人员的住房问题。这类人群是城市建设不可或缺的力量，解决好他们的住房问题，不但可以稳定队伍，还可以从创新社会管理的角度，建设和谐社会。

2. 定单式限价商品住房

是针对新区未来大量外来常住人口的住房需求，为解决在新区就业，签订劳动合同的企业职工、机关事业单位职工以及具有新区户籍中等收入家庭住房改善问题而设定的政策性商品住房，与普通商品住房、高档商品住房共同构成新区住房市场的主体。通过新区政府定单式限价商品住房的推出，有效遏制商品住房价格过快上涨等问题，使新区房地产市场健康发展。另外，中新天津生态城的政府公屋，根据其特点，纳入定单式限价商品住房体系，鼓励生态城结合实际进行创新和探索。定单式限价商品住房是新区保障性住房制度改革的支撑点。

三、主要措施

（一）完善住房保障政策

在《滨海新区保障性住房建设与管理暂行规定》的基础上，不断完善各种保障性住房建设管理政策。2011 年制定了《滨海新区蓝白领公寓规划建设管理办法》和《滨海新区定单式限价商品住房规划用地建设管理办法》。结合新区实际，重点在城市规划、土地供应、房型指导、价格指导、共有产权等方面进行改革创新,为新区保障性住房建设提供政策指导和规范保障。

(二)编制"十二五"住房建设规划和年度建设计划

按照新区总体工作部署,结合规划目标、住房体系、房价收入比研究、规划建设规模预测、年度建设计划等方面研究成果,借鉴国内外保障性住房经验,编制滨海新区"十二五"住房建设规划和年度建设计划。

(三)制定定单式限价商品住房开发建设实施方案

1. 规划建设

根据滨海新区总体规划和住房建设"十二五"规划,结合功能区的布局,按照就近选址、集中建设的原则,共规划3个定单式限价商品住房集中建设片区。

一是新区北部的滨海欣嘉园片区,对应服务开发区、保税区、高新区和东疆保税港区职工需求,规划面积3平方公里,居住人口约10万人。由滨海建投负责项目整体运营,已开工50万平方米。

二是新区中部新城北组团,对应服务临港经济区、中心商务区和天津港,一期规划面积1.7平方公里,居住人口4.3万人。区政府成立指挥部,天津港组建平台公司,今年计划开工36.8万平方米。控规已编制完成,2011年开工建设。

三是新区中部新城南组团,对应服务轻纺经济区、南港经济区和天津石化公司。一期规划面积3平方公里,居住人口6.5万人。以轻纺经济区指挥部为基础,成立轻纺新城开发建设指挥部,由区土地发展中心负责土地收购、基础设施配套。控规已编制完成,正在进行修详规、建设方案设计和土地收储,2012年初开工建设。

另外,按照中新天津生态城总体规划,生态城政府公屋(纳入定单式限价商品住房体系)占住房总量的20%,服务生态城、旅游区及中心渔港等功能区。

2. 相关政策

定单式限价商品住房政策制定是滨海新区保障性住房制度改革的重点,力求做到既有所创新又符合新区实际,同时要做到科学、合理、有操作性。

一是销售对象:定单式限价商品住房面向在新区就业,签订劳动合同的企业职工、机关事业单位职工和具有新区户籍的家庭,以享受一次为标准,避免投资行为。

二是户型、套型与装修标准:定单式限价商品住房户型设计坚持面积不大、功能齐全、设施完备的原则,考虑未来20年发展不落后。以小康住宅为目标,起居、卧室、餐厅、厨房、卫生间等核心功能,辅以书房、洗衣晾晒、整理储藏、门厅等辅助功能。建筑面积控制在90平方米以下,套型建筑面积达到90平方米的户型不得超过总户数的10%。同时,定单式限价商品住房鼓励采取可选择菜单式精装修设计,厨房和卫生间的基本设备全部一次性安装完成，住房内部所有功能空间全部装修一次到位。适应不同家庭人口构成的需求。

三是规划与配套设计标准：定单式限价商品住房的规划与配套设计标准。提出定单式限价商品住房按照以10万人为一个街道、1万人为一个居委会社区进行组织配建生活配套设施。街道以街道办事处、中小学和公园形成街道中心。街道办事处用房6500平方米，其中办事大厅1000平方米、活动中心1000平方米和大医院门诊1000平方米。中小学可适当集中建设，大公园规模在2万平方米左右。以步行30分钟即可到达为标准配建图书馆、邮局、银行、医院等公共设施，合理合规布局超市、商场等商业设施。居委会以社区中心、托儿所、托老院、小公园等为中心形成小区级中心，社区中心2000平方米，其中居委会600平方米，社区卫生院200平方米。小公园5000平方米左右。以步行10分钟到达为标准，配建市场、早餐、便利店、文化健身、美容美发、洗衣、社区诊所、储蓄所等公共设施。可不配建地下停车库，停车位通过地面停车、半地下车库解决，半地下车库不计入容积率。

四是定价机制：定单式限价商品住房的销售价格考虑土地价格、级差地租因素，采取居民收入与房价比和成本法测算，开发利润控制在5%以下，由行政主管部门制定，每年定期公布指导价格。定单式限价商品住房建设可享受以下优惠政策，包括：免交铁路建设费；市容环境管理维护费和市政基础设施建设费等两项政策性收费不计入土地成本，由土地使用权受让人在办理国有土地使用权出让合同前，向新区土地行政管理部门缴纳；防空地下室异地建设费收费标准，按照新城、建制镇甲类6级标准执行；市政公用基础设施大配套工程费：住宅及地上非经营性建筑按照收费面积的70%缴纳；调增的半地下车库和停车楼不缴纳各项行政事业性收费；达到《天津市绿色建筑评价标准》三星级评定标准的定单式限价商品住房项目，对开发企业给予利润上限提高3%的奖励等。

五是供地方式：定单式限价商品住房的建设用地采取挂牌或招标方式公开出让。其中，挂牌方式规定项目用地采用天津市限价商品住房"限房价、竞地价"的竞买方式。招标方式规定以定单式限价商品住房销售价格不变为基础，将土地使用权竞买价格、工期保证、企业资质、注册资本、业绩信誉等赋予不同的权重，用评分的方法，评出中标人。

六是建设方式：定单式限价商品住房采取"定单式"建设方式。定单式限价商品住房按照以需定产的原则，各功能区和塘沽、汉沽、大港管委会根据本辖区定单式限价商品住房需求，与行政主管部门签订定制协议并交纳售房总价款2%的定金。

七是购买人权益探索试行：购买定单式限价商品住房的非本市户籍家庭和个人，可凭定单式限价商品住房权属证明申请办理《天津市滨海新区居住证》，享受新区医疗、教育、就业、高考、社会保险、劳动保险等同等权益。

（四）建立长效投入运营机制

根据各种保障性住房政策和特点，坚持以政府主导、市场运作的模式，成立滨海新区住房投资与管理公司，统一新区公共住房管理，盘活国有资产，拓展融资渠道，完善投入产业机制，吸引社会资本投入保障性和政策性住房建设，培育良性循环、健康发展的新区保障和政策住房市场。

1. 蓝白领公寓投入运营机制

蓝白领公寓由各功能区管委会负责组织实施，通过下列渠道筹集资金，进行开发建设：

（1）各功能区自行建设。各功能区出让土地使用权政府净收益的10%由区财政局统一提留、专户存储，各功能区依据区政府蓝白领公寓年度建设计划向区规国局提出使用资金申请。经区规国局现场核验，出具资金核拨审批单，区财政局将资金拨付给项目所在功能区。本年度没有建设计划，专项资金转入下年使用。专项资金不足部分通过银行贷款和管委会其它自有资金解决。

（2）吸引社会资金投入建设。蓝白领公寓用地可以协议出让，建成后由企业持有产权并按规定运营管理。对于运营管理合理亏损，各功能区可以用专项资金以购买公共服务名义给予合理补偿。补偿方案由各功能区管委会根据项目实际情况审批。

2. 公共租赁住房的投入运营机制

按照区政府公共租赁住房要统一规划、统一建设、统一管理的要求，利用新区政府本级和塘、汉、大管委会出让土地使用权政府纯收益的10%资金建设面向新区户籍居民的公共租赁住房。不足部分由住房投资与管理公司通过公积金贷款、商业贷款解决，用房租偿还本金，政府专项基金给予贴息。同时开发建设经营性商业配套，其利润用于公共租赁住房建设。

（五）明确住房保障职责

实施新区住房保障工作目标责任制，强化管委会主体责任并延伸至街镇，建立新区政府、管委会、街道三级保障性住房建设管理体系。

1. 按照住房规划和年度建设计划，塘、汉、大管委会负责两种补贴和两种保障性住房的建设与管理。

2. 功能区管委会负责蓝白领公寓的建设与管理。对新引进的招商项目等新增住房需求，各功能区要及时跟踪调查，实行半年住房需求统报制度。

3. 区政府负责定单式限价商品住房统一规划、统一供地，通过土地招拍挂，由社会资本按市场机制建设。政府用土地出让价格调控定单式限价商品住房销售价格，促进新区定单式限价商品住房良性发展。

（六）建立长效监督考评机制

邀请新区人大代表、政协委员、专家与规国局、发改委、监察局、建交局等部门组成住房保障监督考评组，对保障性住房建设、分配、使用、管理等工作实施监管，建立长效机制，联合推动新区住房保障工作开展，确保住房保障工作公开、公平、公正。

关于滨海新区深化保障性住房制度改革的意见

深化保障性住房制度改革是滨海新区"十大改革"之一。"十一五"期间，新区保障性住房和政策性住房取得重要突破和阶段性成果，印发执行了《天津市滨海新区保障性住房建设与管理暂行规定》，在建设面向户籍人口的廉租住房、经济适用住房、限价商品住房等三种保障房，全面惠及新区住房困难人群的同时，针对新区特点，开展了蓝白领公寓、建设者之家、政府公屋、企业定制限价商品住房的探索，启动了新区规模最大的企业定制限价商品住房滨海欣嘉园的建设，满足了企事业单位员工的住房需求。"十二五"期间，是新区改革开放不断深化的关键时期，通过住房制度改革和政策创新，形成多层次、多渠道、科学普惠的住房供应体系，为新区经济社会发展提供有力支撑。通过先行先试，为我国住房制度深化改革提供经验和示范。现就进一步深化新区住房制度改革，提出以下意见。

一、深化滨海新区保障性住房制度改革的必要性

按照滨海新区城市总体规划，到2020年新区新增常住人口350万左右。深化保障性住房制度改革，制定具有新区特色的住房政策体系，发挥政府主导作用，调动市场积极性，结合新区实际需求，加大保障性住房建设规模，是解决新区居民住有所居的重要保障。同时，对优化招商引资环境，建立健康有序的房地产市场，推动区域经济社会均衡发展，构建和谐社会将起到十分重要的促进作用。

二、深化改革的指导思想和基本原则

（一）指导思想

坚持以邓小平理论和"三个代表"为指导，深入贯彻科学发展观，进一步解放思想，开拓创新，在实践中不断创新保障方式，实事求是的逐步提高保障标准，完善住房制度和供给体系，结合教育、医疗、社会管理改革创新，推动新区创建和谐首善之区，成为生态宜居的新城区。

（二）基本原则

一是在国家和天津市住房保障总体政策框架下，充分发挥新区综合配套改革试验区先

行先试的政策优势，结合新区实际，制定适合新区自身发展的住房政策体系；二是突出政府在保障性住房建设上的主导作用，同时充分调动市场的作用和积极性，避免政府包办和市场失衡；三是注重量与质的平衡。在加大保障性和政策性住房建设量的同时，更加注重住房质量和居住环境的提升，推动住房建设工业化、部品化和标准化，实现小康住房的目标。

三、深化改革的总体目标和重点任务

（一）总体目标

进一步完善和创新新区住房保障方式，在确保户籍人口中低收入人群应保尽保的基础上，重点解决外来常住人口和户籍人口中"夹心层"的住房问题，做到"低端有保障、中端有供给、高端有市场"，构建政府主导、市场引领，多层次、多渠道、科学普惠的住房供应体系，率先实现小康社会的居住目标。

（二）重点任务

建立新区保障性和政策性住房政策体系，重点解决保障性住房的供地方式、定价机制、准入和退出等，编制住房"十二五"规划，加大建设力度，建立长效投资运营管理机制和责任、监督考核程序。

四、保障措施

（一）完善住房保障政策和保障方式

1. 保障政策

在总结《滨海新区保障性住房建设与管理暂行规定》实施经验的基础上，制定《滨海新区住房规划建设管理规定》，作为新区住房的总体政策框架。颁布《滨海新区蓝白领公寓规划建设管理办法》和《滨海新区定单式限价商品住房规划用地建设管理办法》，结合新区实际，重点在城市规划、土地供应、房型指导、价格指导、共有产权等方面进行改革创新，为新区保障性住房建设提供政策指导和规范保障。

2. 保障方式

采取发放两种补贴、建设两种保障性住房和两种政策性住房的保障方式。

两种补贴是指廉租住房租房补贴和经济租赁住房租房补贴，目前新区符合条件家庭已全部享受，解决最低收入家庭的住房问题；两种保障性住房是指公共租赁住房和限价商品住房，重点解决新区中低收入家庭住房问题。两种补贴和两种保障性住房完全按照全市的统一政策执行，力争到2013年做到应保尽保，以后根据政策调整，动态满足。

两种政策性住房是指蓝白领公寓和定单式限价商品住房。其中，蓝白领公寓是公共租赁住房的一种形式，主要面向在新区就业、签订劳动合同的单身职工提供，降低务工人员居住成本，起到"启动器""吸附器"的作用，为招商引资创造条件。同时，进一步创新、完善蓝白领公寓的多种形式，包括新区已经实施的建设者之家公寓，环卫、园林工人之家公寓，以及开发区面向已婚和杰出人才出租的"政府公屋"。

定单式限价商品住房是针对新区未来大量外来常住人口的住房需求，为解决在新区就业，签订劳动合同的企业职工、机关事业单位职工以及具有新区户籍中等收入家庭住房改善问题而设定的政策性商品住房，与普通商品住房、高档商品住房共同构成新区住房市场的主体。通过新区政府定单式限价商品住房的推出，有效遏制商品住房价格过快上涨等问题，使新区房地产市场健康发展。另外，中新天津生态城的政府公屋，根据其特点，纳入定单式限价商品住房体系，鼓励生态城结合实际进行创新和探索。

（二）编制"十二五"住房建设规划

按照新区总体工作部署，结合规划目标、住房体系、房价收入比研究、规划建设规模预测、年度建设计划等方面研究成果，借鉴国内外保障性住房经验，编制滨海新区"十二五"住房建设规划和年度建设计划。

（三）制定定单式限价商品住房建设方案，加快建设

根据滨海新区总体规划和住房建设"十二五"规划，结合功能区的布局，按照就近选址、集中建设的原则，规划3个定单式限价商品住房集中建设片区：一是新区北部的滨海欣嘉园片区，对应服务开发区、保税区、高新区和东疆保税港区职工需求，规划面积3平方公里，居住人口约10万人；二是新区中部新城北组团，对应服务临港经济区、中心商务区和天津港，一期规划面积1.7平方公里，居住人口4.3万人；三是新区中部新城南组团，对应服务轻纺经济区、南港经济区和天津石化公司，一期规划面积3平方公里，居住人口6.5万人。另外，按照中新天津生态城总体规划，生态城政府公屋（纳入定单式限价商品住房体系）占住房总量的20%，服务生态城、旅游区及中心渔港等功能区。

（四）建立长效投入机制

根据各种保障性住房政策和特点，坚持以政府主导、市场运作的模式，成立滨海新区住房投资与管理公司，统一新区公共住房管理，盘活国有资产，拓展融资渠道，完善投入产业机制，吸引社会资本投入保障性和政策性住房建设，培育良性循环、健康发展的新区保障和政策住房市场。

（五）明确住房保障职责

实施新区住房保障工作目标责任制，强化管委会主体责任并延伸至街镇，建立新区

政府、管委会、街道三级保障性住房建设管理体系。

1. 按照住房规划和年度建设计划，塘、汉、大管委会负责两种补贴和两种保障性住房的建设与管理。

2. 功能区管委会负责蓝白领公寓的建设与管理。对新引进的招商项目等新增住房需求，各功能区要及时跟踪调查，实行半年住房需求统报制度。

3. 区政府负责定单式限价商品住房统一规划、统一供地，通过土地招拍挂，由社会资本按市场机制建设。政府用土地出让价格调控定单式限价商品住房销售价格，对建设成本价格偏高的项目，采取新区住保中心、住房投资与管理公司、住房建设公司以及购房职工所在企业共有产权的方式，减轻购房职工的购房首付压力，提高居住水平，促进新区定单式限价商品住房良性发展。

（六）建立程序监督考评机制

邀请新区人大代表、政协委员、专家与新区相关职能部门组成住房保障监督考评组，对保障性住房建设质量、分配、使用、管理等工作实施工作层层监管，建立长效考评机制，联合推动新区住房保障工作开展，确保住房保障工作公正、公平、公开。

滨海新区蓝白领公寓规划建设管理办法

第一章 总 则

第一条 为构建和完善天津滨海新区（简称新区）多层次、多渠道、科学普惠的住房体系，优化功能区招商引资环境，解决外来务工、就业人员租住集体公寓的需求，进一步规范蓝白领公寓规划建设管理，制定本办法。

第二条 本办法所称蓝白领公寓是指政府主导，各功能区组织建设，限定租金和配建标准，向来新区就业的各类人员，以出租方式提供的集体式公寓住房。

第三条 新区规划和国土资源管理局是蓝白领公寓建设和管理工作的主管部门，负责研究制定蓝白领公寓发展规划、年度建设计划和相关政策，协调推进蓝白领公寓项目规划建设相关问题，对功能区蓝白领公寓工作进行指导。

发改委、财政局、人社局、建交局、各功能区管委会等部门按照各自职责做好相关工作。

第二章 规划与计划

第四条 蓝白领公寓是新区保障性住房制度改革中政策性住房的一种形式，纳入公共租赁住房管理，享受天津市公共租赁住房的各种税收、行政收费和配套费用的优惠政策。

第五条 新区蓝白领公寓建设实施统一规划与计划管理，纳入新区总体规划、各功能区分区规划和住房专项规划，保证布局合理和区域供需平衡。

蓝白领公寓年度建设计划由各功能区拟定，新区主管部门汇总，报新区政府批准实施。各功能区依据年度建设计划办理规划、土地等前期手续。

第六条 蓝白领公寓是新区快速发展前期，为解决大量外来产业工人和各类人才租住公寓的一种政策性住房形式。规划、计划和建设要考虑未来发展引起功能调整的兼容性。

第三章 建设与管理

第七条 各功能区在编制控制性详细规划时，依据就业岗位和企业需求，按一定比例确定蓝白领公寓规模，选址要具有适宜的居住环境，按合理服务半径确定组团布局和配套设施。蓝白领公寓规划用地性质为工业配套服务设施用地（M4），土地性质为居住用地（蓝白领公寓）。

第八条 蓝白领公寓项目按照居住用地（蓝白领公寓）性质供地，可以采取划拨方式，也可采取协议出让方式供应。蓝白领公寓用地的划拨或出让方案要纳入主管部门制定的特定条件，作为签订土地合同的依据之一。特定条件包括以下事项：

（一）建设标准：蓝领公寓人均建筑面积大于6平方米、小于8平方米；白领公寓人均建筑面积控制在30平方米以内，单元式套型面积不大于60平方米。

（二）服务对象：与所属功能区内企事业单位签订劳动合同的员工。

（三）登记类别：蓝白领公寓房地产权登记按城镇住宅用地类别登记。

（四）转让方式：蓝白领公寓只租不售。确需转让产权的，禁止分割转让，经主管部门批准后可整体转让。

第九条 蓝白领公寓由各功能区管委会负责组织实施，通过下列渠道筹集资金，进行开发建设：

（一）各功能区自行建设。各功能区出让土地使用权政府净收益的10%由区财政局统一提留、专户存储，各功能区依据区政府蓝白领公寓年度建设计划向区规国局提出使用资金申请。经区规国局现场核验，出具资金核拨审批单，区财政局将资金拨付给项目所在功能区。本年度没有建设计划，专项资金转入下年使用。专项资金不足部分通过银行贷款和管委会其它自有资金解决。

（二）吸引社会资金投入建设。蓝白领公寓用地可以协议出让，建成后由企业持有产权并按规定运营管理。对于运营管理合理亏损，各功能区可以用专项资金以购买公共服务名义给予合理补偿。补偿方案由各功能区管委会根据项目实际情况审批。

第十条 蓝白领公寓项目建设单位取得土地使用权后，由项目建设单位向区发改委或项目所在功能区发改局申请项目批复或备案。区发改委或功能区发改局出具审批文件后抄送新区主管部门，并下发项目建设单位，由项目建设单位按基本建设审批手续规划建设。

第十一条 蓝白领公寓租金标准由所属功能区价格管理部门结合本功能区实际，参照天津市政府指导租金制定，报区主管部门和物价部门备案。蓝白领公寓水、暖、气、电等收费价格按居民标准执行。

第十二条 各管委会成立专业管理部门，负责蓝白领公寓运营、使用、安全、社区管理等。物业管理参照天津市物业管理相关规定执行。

第四章　规划建设技术指标

第十三条 按照滨海新区保障性住房制度改革和先行先试的总体要求，结合新区具体情况，本着高起点规划、高水平建设、高效能管理的原则，蓝白领公寓项目的规划建设审批按本办法的规划指标执行：

（一）蓝领公寓规划指标

1. 用地规模：按组团布局，一般不超过20公顷。

2. 容积率：1.5左右，不超过2.0。

3. 绿地率：≥20%。

4. 建筑密度：≤35%。

5. 建筑限高：≤24米。

6. 建筑间距：大于遮挡多层建筑高度的1.0倍。

7. 人均建筑指标：人均建筑面积6至8平方米，每间居住不得超过8人。

8. 平面布局：原则按走廊式布局，可做公共卫生间或配建卫生间。

9. 停车指标：非机动车按居住人口的60%考虑。

（二）白领公寓规划指标

1. 用地规模：按组团布局，一般不超过20公顷。

2. 容积率：1.5左右，不超过2.0。

3. 绿地率：≥30%。

4. 建筑密度：≤30%。

5. 建筑限高：≤50米。

6. 建筑间距：大于遮挡多层建筑高度的1.0倍；大于遮挡高层建筑面宽的1.0倍。

7. 人均建筑和套型指标：人均建筑面积控制在30平方米以内，单元式套型面积不大于60平方米。

8. 平面布局：可采用单元或走廊式布局，套内配置卫生间。

9. 停车指标：机动车按居住人口的20%考虑，非机动车按居住人口的30%考虑。

第十四条 蓝白领公寓公共设施配套参照以下标准执行：

（一）蓝领公寓配套标准

1. 配套公建及设施设置：

（1）公共服务设施应根据周边社会化服务设施配套情况安排，确保居住者在包括餐饮、购物、文化、金融、医疗、健身、理发美容、洗衣、公共信息查询等各方面的需要。

（2）配套公建面积应占项目总建筑面积的6%～8%。

公建配套的主要项目参考下表：

类　别	内　容	比率
餐饮	公共食堂、特色餐厅等	30%
商业服务	超市、银行、邮局、洗衣店等	20%
文化服务	多功能厅、数字阅览室、培训教室等	20%
医疗保健理容	保健站、美容、理发、健身房等	10%
物业用房	物业管理用房、设备用房和消防控制室等	15%
综合办公室	治安室、劳动社区工会团委联合办公室	5%

（3）要求配套建设室外运动场及集会用室外多功能广场等设施。

2. 建筑内配套：公寓每层应设有盥洗室、卫生间、公共洗衣房和活动室。

3. 装修：普通职工公寓要完成套内和非出租经营的公建部分精装修，非出租经营的公建部分包括：公共食堂、公共洗衣房、活动室、阅览室、培训教室、治安室、物业办公室和劳动、社区、工会、团委综合办公室等。

4. 设施配备：设施配备须满足基本居住要求。

非出租经营的公建部分配备设施包括：炊事设备、餐桌餐椅、投币式公共洗衣机（5kg，每200人1台）、多媒体设备、计算机及网络设备、连接互联网的公共信息查询设备、空调设备、办公家具等。

5. 安装监控系统。

（二）白领公寓配套标准

1. 配套公建及设施设置：

（1）公共服务设施应根据周边社会化服务设施配套情况安排，确保居住者在包括餐饮、购物、文化、金融、医疗、健身、理发美容、洗衣等各方面的需要。

（2）配套公建面积应占项目总建筑面积的8%～10%。

公建配套的主要项目和比例参考下表安排：

类别	内容	比率
餐饮	公共食堂、特色餐厅等	15%
商业服务	超市、银行、邮局、洗衣店等	20%
文化服务	多功能厅、数字阅览室等	35%
医疗保健理容	保健站、美容、理发、健身房等	10%
物业用房	物业管理用房、设备用房和消防控制室等	15%
综合办公室	治安室、劳动社区工会团委联合办公室	5%

（3）要求配套建设室外小型运动场和公园。

2. 建筑内配套：套内设含有洗浴设备的独立卫生间，设置厨房或具备厨房功能的专用区域，要提供有线电视、电话和宽带接口，预留洗衣机位置。

3. 实行水、电、气按套单独计量。采暖采用具有可独立控制的计量装置系统，并要求建设中水系统（预留外网接口）。

4. 装修：白领公寓要完成套内和非出租经营的公建部分精装修，非出租经营的公建部分包括：公共食堂、公共洗衣房、活动室、阅览室、治安室、物业办公室和劳动、社区、工会、团委综合办公室等。

5. 设施配备：设施配备须满足基本居住要求。

非出租经营的公建部分配备设施包括：炊事设备、餐桌餐椅、投币式公共洗衣机（5kg，每200人1台）、多媒体设备、计算机及网络设备、空调设备、办公家具等。

6. 安装监控和门禁系统。

第五章　申请程序

第十五条　在新区工作，与所属功能区企事业单位签订劳动合同的职工可申请蓝白领公寓。

第十六条　申请人向所在企业、单位提出申请，企业、单位根据职工情况，确定蓝白领公寓需求，统一向功能区蓝白领公寓管理部门递交申请。经审核符合条件的，功能区蓝白领公寓管理部门与企业签订租赁协议，办理入住手续。

功能区蓝白领公寓管理部门按季度向新区主管部门上报本辖区蓝白领公寓分配报表。

第六章　退出管理

第十七条　出现下列不符合承租条件情形的，所属功能区管委会管理部门收回承租房屋。

（一）购买或承租其他住房的；
（二）申请人不在对应服务功能区或企业就业的；
（三）出现不符合承租蓝白领公寓的其他情形的。

第七章　监督管理

第十八条　新区主管部门对功能区蓝白领公寓建设与管理工作进行指导和监督。对在工作中玩忽职守、滥用职权、弄虚作假的管理部门、单位责任人，由有关部门依法依规严肃处理。

第十九条　对不按照本办法规定的建设标准执行的开发企业，按国家和我市相关规定予以查处。

第八章　附　　则

第二十条　塘沽、汉沽、大港等区域工业园区建设蓝白领公寓可参照本规定执行。
第二十一条　本办法自 2011 年 10 月 28 日起施行，自 2016 年 10 月 27 日起废止。

区规划国土局
二〇一一年十月二十七日

滨海新区定单式限价商品住房管理暂行办法

第一章 总 则

第一条 为发挥滨海新区综合配套改革、先行先试的政策优势，深化滨海新区保障性住房制度改革，推动滨海新区定单式限价商品住房建设和健康发展，解决滨海新区工作人员的住房问题，构建滨海新区多层次、多渠道、科学普惠的住房体系，依据国家、天津市及滨海新区相关规定和政策，制定本办法。

第二条 本办法所称定单式限价商品住房是指政府主导，市场运作，限定价格、定制户型，面向滨海新区职工，以定单方式建设、销售的政策性住房。

定单式限价商品住房服务特定区域。滨海新区政府根据各区域定单需求，按需定产，统筹安排建设。

第三条 滨海新区规划和国土资源管理局是定单式限价商品住房的行政主管部门，负责制定定单式限价商品住房中长期规划和年度建设计划，制定相关政策，协调定单式限价商品住房项目规划建设相关问题，指导监督定单式限价商品住房年度建设计划的实施。

区发改委、监察局、建交局、财政局、人社局、公安局及各街道办事处按照各自职责做好相关工作。

第四条 滨海新区保障性住房管理中心负责拟定定单式限价商品住房中长期规划和年度建设计划，落实并监督定单式限价商品住房年度建设计划的实施，配合行政主管部门协调定单式限价商品住房项目规划、供地和建设等相关问题。

第二章 规划、计划与定单管理

第五条 定单式限价商品住房建设实施统一规划与计划管理，在新区城市总体规划和住房规划整体框架下，制定住房建设规划和年度建设计划，保证布局合理和区域供需平衡。

第六条 定单式限价商品住房建设结合新城总体规划实施。按照统一规划、分步实施的原则，构建综合配套、布局均衡、平等共享的居住社区，形成分级配置、全方位、多层次、功能完善的公共服务体系；突出生态环保、节能减排、绿色建筑、循环经济等技术创新，创造环境优美、交通便捷、配套完善的宜居环境。

第七条 定单式限价商品住房占滨海新区住房总供应量的30%～50%。结合滨海新区产业功能区布局，主要集中在中部新城、滨海欣嘉园和中新天津生态城等地区规划建设。

第八条 定单式限价商品住房实施定单式建设。各功能区和塘沽、汉沽、大港管委会指定所属部门负责实时统计本区域人口及住房需求状况，实行半年统报制度，调查成果报行政主管部门。由行政主管部门结合人口增长、定单需求、土地供应和房地产市场情况，按照适当超前原则等因素研究制定年度计划，报滨海新区政府批准后实施。

第九条 定单式限价商品住房修建性详细规划和建筑设计方案审批，依照本办法附件《滨海新区定单式限价商品住房规划设计相关技术标准》（简称《标准》）执行。

第十条 依据滨海新区保障性住房年度建设计划，滨海新区保障性住房管理中心组织定单式限价商品住房项目修建性详细规划和建筑设计方案设计，并报请规划行政主管部门办理审核。开发建设单位取得土地后向规划行政主管部门直接办理规划审批手续。

第十一条 定单式限价商品住房项目在确定年度建设计划前，应就项目社区管理的权属和责任单位征求相关管委会意见。未取得相关管委会意见的项目，不得纳入当年年度建设计划。

第三章 户型、套型与装修管理

第十二条 为提升定单式限价商品住房设计标准化、工业化、部品化水平，提高住房质量，规划行政主管部门根据滨海新区居民生活水平和居住需求，本着合理、科学、实用的原则，确定定单式限价商品住房指导房型，原则上每五年公布一次，并适时修改。

定单式限价商品住房户型设计方案经规划行政主管部门审批后实施。

第十三条 定单式限价商品住房户型设计要结合滨海新区快速发展形势，在综合考虑居住对象、收入水平、住房水平和发展空间等因素的基础上确定。坚持面积小、功能齐、配套好、质量高、安全可靠的原则。

第十四条 定单式限价商品住房套型建筑面积原则上控制在 90 平方米以下（含 90 平方米）。根据定单需求可适当调整套型建筑面积上限，最高不得超过 120 平方米（含 120 平方米），所占比重不得超过 20%（含 20%）。

第十五条 定单式限价商品住房鼓励采取可选择菜单式成品装修设计，厨房和卫生间的基本设备全部一次性安装完成，住房内部所有功能空间全部装修一次到位。装修要贯彻简洁大方、方便使用原则和节能、节水、节材的环保方针，按照《商品住宅装修一次到位实施导则》及国家和我市相关规定执行。

开发单位要在签订购房合同前，公示住房装修方案，供购房人选择。并在定单式限价商品住房预售合同中单独标明装修标准。

第四章 价格管理

第十六条 定单式限价商品住房的销售价格实行政府指导价管理。在综合考虑土地整理成本、建设标准、建筑安装成本、配套成本、2‰项目管理费用和 5% 利润等因素基础上测定销售价格。

定单式限价商品住房销售价格由行政主管部门制定，每年定期公布指导价格。

第十七条　定单式限价商品住房项目销售价格，在项目用地出让前由行政主管部门根据具体规划设计策划方案，采用成本法公式确定，纳入土地出让方案和合同。

第十八条　定单式限价商品住房建设可享受以下优惠政策：

（一）免交铁路建设费。

（二）土地出让成本中不再收取增列的市政基础设施建设费和市容环境管理维护费。

（三）防空地下室易地建设费收费标准，按照新城、建制镇甲类6级标准执行。

（四）市政公用基础设施大配套工程费：住宅及地上非经营性建筑按照收费面积的70%缴纳。

（五）半地下车库（含用于停车的架空平台）及风雨廊等建筑面积不计入项目用地容积率，免收土地出让金，免缴各项行政事业性收费。

第十九条　达到《天津市绿色建筑评价标准》星级评定标准以及采用工业装配化的定单式限价商品住房项目，对开发企业给予利润上限提高3%的奖励。

第二十条　供水、供电、供暖、供气等行业管理部门要优先保证定单式限价商品住房项目的配套施工。工程造价由审计部门审计，做到合理收费。

第二十一条　定单式限价商品住房项目开发建设涉及的各项行政事业性收费，不得超过物价主管部门核定的收费标准的50%，不得分解收费，定期由审计部门审计、公示。

第五章　土地供应

第二十二条　滨海新区土地主管部门和滨海新区土地整理部门须按照规划的指导价优先提供土地，保障定单式限价商品住房建设。

第二十三条　定单式限价商品住房的建设用地采取"限房价、竞地价"的办法，以招拍挂方式公开出让。

第二十四条　定单式限价商品住房的建设用地受让人，未经国土行政主管部门批准，不得整体或分割将项目用地转让给其他开发企业实施建设，不得以任何形式转让他人建设。

第二十五条　在定单式限价商品住房《国有土地使用权出让合同》中，应当明确各项限定条件。限定条件由房屋管理行政主管部门委托专门机构制定，包括建设标准、销售价格、销售对象和销售方式等内容。

第六章　建设管理式

第二十六条　定单式限价商品住房项目建设单位取得土地后，向滨海新区发改委申请项目批复或备案，由各建设单位组织实施。

第二十七条　教育、社区医疗卫生、文化体育、社区服务（含菜市场）、行政管理和市政公用等配套非经营性公建同步配套建设、同步交付使用。

配套非经营性公建不得销售，建成后应根据相关规定无偿进行移交。

配套非经营性公建参照我市直管公产房屋相关规定办理产权登记，由房屋管理行政主管部门实施统一管理。

第二十八条 房屋管理行政主管部门参加定单式限价商品住房项目的竣工验收。定单式限价商品住房建设单位在办理房屋竣工验收备案证明书后30日内，提供楼盘表及工程建设档案等相关资料。由房屋管理行政主管部门监督移交给项目前期物业服务企业。

第七章　申请条件及程序

第二十九条 在滨海新区工作，签订劳动合同，符合我市限购政策的家庭和个人可以申请购买定单式限价商品住房。

申请购买定单式限价商品住房的职工，其所在单位须在新区注册。

定单式限价商品住房准入标准，由房屋管理行政主管部门结合滨海新区实际，适时进行调整确定，定期向社会公布。

第三十条 在滨海新区工作的职工向所在单位提出申请；所在单位进行初审后统一送管委会管理部门审核；各管委会管理部门对申请资格、申请要件进行审核，经公示无异议的签署意见并登记造册，报行政主管部门审批。房屋管理行政主管部门对申请人申请资格进行复核，符合条件的予以批准，核发《天津市滨海新区定单式限价商品住房购房资格证明》；申请人持资格证明到售房单位购房。

第三十一条 申请购买定单式限价商品住房须携带以下要件：

（一）本人及家庭成员身份证、户口簿（原件和复印件）；

（二）劳动合同（原件和复印件）；

（三）申请人及家庭成员住房及购房情况证明材料（住房权属证明和住房租赁合同为原件和复印件，其余为原件）；

（四）购房人所在单位的营业执照（复印件（加盖公章））；

（五）滨海新区人民政府规定的其他证明材料。

以上要件经核对原件与复印件一致的，无特殊规定的退回原件留存复印件，复印件加盖核对专用章。

第八章　销售与退出管理

第三十二条 开发建设单位取得定单式限价商品住房销售许可证后，方可进行销售。

第三十三条 申请人持定单式限价商品住房购买资格证明、本人身份证及复印件到定单式限价商品住房销售单位购买定单式限价商品住房。

销售单位应查验购房人相关证件，定单式限价商品住房购买人姓名须与本人所持购买资格证明中申请人姓名相一致，对不一致的，应拒绝向其出售。

定单式限价商品住房采取摇号选房的方式售房，由开发建设单位在公证部门和房屋管理行政主管部门的监督下公开组织摇号。当房源暂时不能满足需求时，采取摇号方式确定购房人和轮候次序。

第三十四条 定单式限价商品住房销售单位应与购房人签订商品住房买卖合同，并将《天津市滨海新区定单式限价商品住房购买资格证明》交销售单位留存。定单式限价商品住房开发单位应在商品住房买卖合同签订之日起30日内到房屋所在地房地权属登记部门办理房屋买卖合同备案。

第三十五条 符合条件的申请家庭只能购买一套定单式限价商品住房。

第三十六条 销售单位可尝试性采取共有产权等模式，创新销售方法、拓宽销售渠道。

购买定单式限价商品住房可按规定提取个人住房公积金和办理住房公积金贷款。

第三十七条 房地产权属登记机构办理定单式限价商品住房转移登记时，在登记簿及权属证书的记事栏上分别记载"定单式限价商品住房"字样。

定单式限价商品住房购买人交纳契税满5年的，可上市转让（继承除外）。

定单式限价商品住房购买人交纳契税不足5年，确需转让的，只能转让给持有《天津市滨海新区定单式限价商品住房购买资格证明》的购房人。办理二手房转移登记时，《天津市滨海新区定单式限价商品住房购买资格证明》须作为登记要件提交房地产权属登记机构。

第九章　物业管理

第三十八条 定单式限价商品住房的维修资金应当按照天津市商品住宅维修资金的有关规定缴纳。

第三十九条 定单式限价商品住房物业管理及收费标准，按照天津市相关规定执行。

第十章　监督管理

第四十条 定单式限价商品住房销售单位应严格按照规定的销售对象和约定的销售价格销售定单式限价商品住房。对不明码标价或收取未予标明的其他费用的行为，依法查处。对向未取得购买资格的家庭出售定单式限价商品住房的，由房屋管理行政主管部门责令销售单位限期收回。房屋管理行政主管部门可提请审计部门或委托会计事务所对开发销售单位销售定单式限价商品住房情况实施审查。

第四十一条 对未按照本规定建设、销售定单式限价商品住房，损害购房群众利益的开发企业，由房屋管理行政主管部门按规定予以查处。

第四十二条 房屋管理行政主管部门和相关单位应严格按照规定做好申请人资格审查、销售管理等工作，对在销售管理工作中玩忽职守、滥用职权、弄虚作假的管理部门、单位责任人，由监察部门依法严肃处理，构成犯罪的，依法追究刑事责任。

第十一章 附 则

第四十三条 定单式限价商品住房相关配套政策由房屋管理行政主管部门另行制定。

第四十四条 本办法未尽事宜按国家和我市相关规定执行。

第四十五条 本办法自 2013 年 7 月 15 日起实施，2018 年 7 月 14 日废止。我区有关限价商品住房的规定与本办法不一致的，以本办法为准。

附 件 滨海新区定单式限价商品住房规划设计技术标准

1. 总则

1.1 为深化天津市滨海新区保障性住房制度改革，构建滨海新区多层次、多渠道、科学普惠的住房体系，依据国家、天津市及滨海新区相关规定，参照其他省市创新做法，本着先行先试的原则制定本要求。

1.2 定单式限价商品住房的规划设计以本标准为准，标准中未提及的原则应符合国家和本市及滨海新区现行的有关法律、法规和强制性标准的规定。

1.3 定单式限价商品住区是指以定单式限价商品住房为主，与普通商品房交错建设的社区。

2. 一般规定

2.1 定单式限价商品住房住区的规划设计应当与滨海新区社会管理创新相结合，采取相应的分级管理体系和相对集中配置的社区管理和公建配套体系。

2.2 住区公共服务设施按使用性质划分为七大类：教育、医疗卫生、文化体育绿地、社区服务、行政管理、商业服务金融、市政公用，全部为住区公共服务设施所必须配置的项目，除本标准中提到的特指情况外，应按照各级人口规模，执行本标准规定，不得擅自删减。住区各级公共服务设施宜在满足服务半径的前提下相对集中配置。

2.3 公共服务设施配置、住区设计、技术指标等应具有前瞻性、科学性和可实施性，坚持以人为本，有利于提高住区居民的生活环境品质。

2.4 新建定单式限价商品住房应妥善解决绿化、生态环境、社区安全等问题。住房内应具备起居室、卧室、厨房、卫生间等核心功能，辅以餐厅、书房、洗衣晾晒、整理储藏、门厅等辅助功能，适应不同家庭人口构成的需求。鼓励三网融合、计量供热、太阳能等新技术应用，预留其他可能设施设备。

3. 住区分级体系和规模

3.1 定单式限价商品住房按照新区社会管理创新方案可分为社区、邻里、街坊三级。

各级居住户数和人口规模，应符合下表的规定。

	社区/街道办	邻里/居委会	街坊
户数（户）	30000~40000	3000~4000	400~1000
人口（人）	100000	10000	1000~3000

定单式限价商品住房公共服务设施的分级结构，应与居住人口规模相对应。按一个街道对应一个社区，设一个社区中心；每个居委会对应一个邻里及一个邻里中心；每个业主委员会对应一个街坊。

3.2 定单式限价商品住房按照社区、邻里、街坊三级体系对可用地规模和建筑容量进行了控制，各级控制规模宜符合下表的规定。

	社 区	邻 里	街 坊
可用地规模	2~3平方公里	20~30公顷	2~4公顷
总建筑规模	不大于400万m²	不大于40万m²	不大于8万m²
净容积率	不大于1.4	不大于1.5	不大于1.8

3.3 采取窄街廓密路网体系，改变目前居住区设计存在大尺度街廓、封闭式开发的问题，在满足社区安全管理的前提下，街坊用地规模2~4公顷，原则上3~10个街坊组成一个邻里，10个邻里组成一个社区。

3.4 说明

3.4.1 结合滨海新区社会管理创新，进一步细化了《关于进一步加强我市社区建设服务和管理的意见》中对社区体系的要求。

3.4.2 定单式限价商品住房公共服务设施分级体系具有一定的延续性和稳定性，与原天津市住区分级体系的基本结构保持未变，仍为三级体系。

3.4.3 相较于原天津市住区分级体系和规模，对新编制的定单式限价商品住房的分级体系和规模作出了如下调整：按照滨海新区社会管理创新方案，将住区分级体系由原《天津市公共服务设施配置标准》规定的居住区级（5~8万人）、小区级（1~1.5万人）、组团级（0.3~0.5万人）调整为社区级（10万人）、邻里级（1万人）、街坊级（0.1~0.3万人）；新标准中社区级人口规模基本相当于原标准中的2个居住区级；邻里级基本相当于原小区级，街坊级基本相当于原组团级的一半。为更好的控制住区的建设规模，新标准中新增了对用地规模和建筑容量的控制。

4. 公共服务设施分级配置标准

4.1 定单式限价商品住房公共服务设施按照社区、邻里、街坊三级分别配置，并以集约布局、提升住区服务品质为目标，将定单式限价商品住房中的社区级、邻里级部分公共服务设施集中设置，形成社区中心和邻里中心。

4.2 社区级公共服务设施

4.2.1 社区级公共服务设施配置标准一览表

分类	序号	项目	配置内容	一般规模（m²/处）		控制性指标（m²/千人）		指导性指标（m²/千人）	配置规定	非经营性公建
				建筑面积	用地面积	建筑面积	用地面积	建筑面积		
教育	1	高级中学	3年制	11550	18900～21000	378～420		227	每千人21座，生均建筑面积11m²，生均用地面积18～20m²	
	2	初级中学	3年制	11550	20700～23000	230	414～460		每千人23座，生均建筑面积10m²，生均用地面积18～20m²	★
医疗卫生	3	社区医疗服务中心	医疗、防疫、保健、理疗、康复	3000	3000	60	60			★
	4	门诊	防疫、保健	1000					一个社区设1个，结合社区中心配置	
文化体育绿地	5	社区文化活动中心	图书馆、信息苑、社区教育	6500	5000	100	130		结合社区中心配置，社区图书馆面积须保证建筑面积2300m²以上，并设置独立出入口	★
	6	社区体育运动场	健身跑道、篮球、门球、网球、运动设施	500	6500	130	10		可结合社区、公园配置	
	7	室内综合健身馆	含游泳馆、乒乓球、台球、跳操、健身房等	2500～3000	5000	100	50～60		有条件的地方可结合配置小型游泳池、用地面积可适当加大	
	8	社区公园	人均≥0.5m²		≥10000		≥500		2～2.5万人设1处，绿化面积（含水面）不低于70%	

续表

分类	序号	项目	配置内容	一般规模（m²/处）		控制性指标（m²/千人）		指导性指标（m²/千人）	配置规定	非经营性公建
				建筑面积	用地面积	建筑面积	用地面积	建筑面积		
社区服务	9	社区养老院	全托护理型：包括生活起居、餐饮服务、文化活动、医疗保健等	4500	6000	90	120		每5万人设1处，每千人3张床位。每床位建筑面积≥30m²，每床位占地面积≥40m²	
	10	老年人活动中心	老人娱乐、康复、保健服务及文体活动场地	500	1000~1250	10	20		每5万人设1处。应设置≥300m²的室外活动场地	★
	11	社区综合服务中心（含老人服务中心）	行政和社区公共服务。含老人服务、家政服务、就业指导、教育培训等	2000~2400	1000~1200	40~50	20~24		可与其他建筑结合配置，但应有独立出入口（其中：老人服务中心建筑面积应≥200m²）	★
行政管理	12	街道办事处		6500	5500				一个社区设1个，6500m²为固定规模，可与其他公共建筑结合配置，但应有独立出入口	★
	13	公安派出所（含训练场地）		1600~1750	1200~1500	32~35	24~30		一个社区设1个，应独立占地	★
	14	工商税务市场管理		100~150		2~3			可与其他建筑结合设置	
商业金融	15	社区商业服务中心	影剧院、日用百货、副食、食品、服装鞋帽、书店、药店、洗染、理发	20000~32000	10000~15000	200~320		400~600	商业、服务可分开配置，也可结合设置	

续表

分类	序号	项目	配置内容	一般规模（m²/处）		控制性指标（m²/千人）		指导性指标（m²/千人）	配置规定	非经营性公建
				建筑面积	用地面积	建筑面积	用地面积	建筑面积		
商业金融	16	菜市场	含农副产品及加工食品	1000~1500	1000~1500	40~60	40~60		2.5万人1处，服务半径400~500米	★
	17	餐饮店	饭店、快餐等	500~600	500	20	20~40		2-2.5万人设1处，服务半径400~500米。不得与住宅结合设置	
	18	银行储蓄	证券、保险	200~300	150	3	4~6		可与其他建筑结合设置	
市政公用	19	邮政支局		500~600	400	8	10~12		可结合其他建筑设置并预留车位	
	20	基层环卫机构		800~1200	1550~2350	31~47	16~24		每5万人设1处，应独立占地，可以停靠环卫车辆	★
	21	小型垃圾转运站	含垃圾收集站	300~400	800	16	6~8		每2~3km²配置1处。用地面积含周边绿化隔离带，其宽度不小于5米；与相邻建筑间距不小于10米	★
	22	110kV变电站（35kV变电站）		3000（1500）	5000（1200~1500）	100（24~30）	60（30）		社区根据负荷需要设置35kV或者110kV变电站，两者不应同时在一个社区内设置	
	23	煤气服务站		200			8		可结合其他建筑设置并预留车位	
	24	自来水服务站		200			8		可结合其他建筑设置并预留车位	

续表

分类	序号	项目	配置内容	一般规模（m²/处）		控制性指标（m²/千人）		指导性指标（m²/千人）	配置规定	非经营性公建
				建筑面积	用地面积	建筑面积	用地面积	建筑面积		
市政公用	25	公交首末站		500~700	5000~7000	100~140		10~14	规划位置根据"控制性详细规划"的要求安排。每1~1.5万人一条线，每条线路占地1000~1400m²	★
	26	公建预留用地			2000~3000		40~60		大于5万人的社区必须配置	

注：1.表中一般规模是指5万人，不足一般规模的按一般规模配置。2.固定规模指的是不受人口规模影响的固定面积值。3.★为"非经营性公建"，须严格执行《天津市新建住宅配套非经营性公建建设和管理办法》的要求。

4.2.2 社区中心基本配置一览表

设施名称		用地规模（m²）	建筑规模（m²）	备注
街道办事处	办事大厅	5500	4500	
	活动中心		1000	
	门诊		1000	
社区公园		≥10000	—	即原居住区公园
社区文化活动中心（含图书馆）		5000	6500	宜与社区公园合建
社区体育运动场		6500	—	宜与社区公园合建
合计		≥27000	13000	

注：可根据实际建设情况增加社区中心配置内容。

4.3 邻里级公共服务设施

4.3.1 邻里级公共服务设施配置标准一览表

分类	序号	项目	内容	一般规模（m²/处）		控制性指标（m²/千人）		指导性指标（m²/千人）	配置规定	非经营性公建
				建筑面积	用地面积	建筑面积	用地面积	建筑面积		
教育	1	小学	6年制	9000	13000~15000	450	650~750		千人50座，生均建筑面积9m²，生均用地面积13~15m²，2万人配置一处	★
	2	幼儿园	学龄前儿童	2800	3640~4200	280	364~420		千人28座，生均建筑面积10m²，生均用地面积13~15m²	★

续表

分类	序号	项目	内容	一般规模（m²/处）		控制性指标（m²/千人）		指导性指标（m²/千人）	配置规定	非经营性公建
				建筑面积	用地面积	建筑面积	用地面积	建筑面积		
医疗卫生	3	社区卫生服务站	预防、医疗、计划生育等	300		30			结合社区服务站配置，必须有独立出入口	★
文化体育绿地	4	社区文化活动站	文化康乐、图书阅览	300~400	400~500	40~50		30~40	可与其他建筑结合配置，应有独立出入口	★
	5	居民活动场	户外健身场地、集会、表演		600~800		60~80		可与小区绿地结合设置	
	6	邻里公园			≥5000		500		人均≥0.5m²，绿化面积（含水面）不低于70%	
社区服务	7	托老所（含老年人活动站）	主要为日托照料型：含休息、餐饮服务、康复保健、文娱活动	≥800	1000	80	100		规模≥40座。每千人4座，每座建筑面积20m²，占地25m²。宜靠近集中绿地安排（其中：老年人活动站建筑面积应≥150m²，并应设不小于150m²的室外活动场地）	★
	8	社区服务站	行政和社区公共服务。含信息服务、家政和宣传教育	2100	1000	210	100		1个邻里设1处，服务半径宜小于500m。可与其他建筑结合设置，但应有独立出入口	★
	9	居委会	管理、协调	600					1个邻里设1处，600m²为固定值，与社区卫生服务站、物业管理服务用房和服务、活动及经营用房合建形成社区服务站	★
	10	物业管理服务用房	房屋及设施的管理、维修、保安、保洁服务等	400					1个邻里设1处，400m²为固定值，与社区卫生服务站、居委会合建形成社区服务站	

39

续表

分类	序号	项目	内容	一般规模（m²/处）		控制性指标（m²/千人）		指导性指标（m²/千人）	配置规定	非经营性公建
				建筑面积	用地面积	建筑面积	用地面积	建筑面积		
商业金融	11	社区商业服务网点	含超市、日用品、食品、小商品等	2000~3000	1000~1500	100~150		200~300	可与其他建筑结合设置	
	12	储蓄所	各种储蓄网点	50~80				5~8	可与其他建筑结合设置	
	13	生鲜超市		800	1000	8	10			
市政公用	14	邮政所		200				20	与其他建筑结合设置	
	15	环卫清扫班点		25~35	160~240	16~24	2~3		按保洁工人建筑面积3~4m²/人，用地面积20~30m²/人	★
	16	公厕		30	60~100	12~20	10~20			★
	17	燃气中低压调压站			42		4			

注：1.表中一般规模是指1万人，不足一般规模的按一般规模配置。2.固定规模指的是不受人口规模影响的固定面积值。3.★为"非经营性公建"。须严格执行《天津市新建住宅配套非经营性公建建设和管理办法》的要求。

4.3.2 邻里中心基本配置一览表

设施名称		用地规模（m²）	建筑规模（m²）
社区服务站	居委会	1000	600
	社区卫生服务站		300
	物业管理服务用房及其他服务、活动用房		1200（含物业管理服务用房400 m²）
幼儿园		3000	2800
邻里公园		5000	—
生鲜超市（结合建设废品回收设施、垃圾转运设施）		1000	800
专用停车场		400	—
公厕		—	30
合计		10400	5730

注：可根据实际建设情况增加邻里中心配置内容。

4.4 街坊级公共服务设施配置标准
4.4.1 街坊级公共服务设施配置一览表

分类	序号	项目	内容	一般规模（m²/处）		控制性指标（m²/千人）		指导性指标（m²/千人）	配置规定	非经营性公建
				建筑面积	用地面积	建筑面积	用地面积	建筑面积		
文体绿地	1	文化服务用房	科普教育、文化活动、家政服务	200~250	100	33		67	含老人活动室100m²	★
	2	居民健身场地	含老人、儿童活动场地		180~240		60~80		可与绿地结合，但不能占用绿化面积	
	3	组团绿地	含绿地、活动场地		≥1000		≥500		人均0.5m²。绿化面积不低于70%	
行政管理	4	社区警务室	值班、巡逻	15~20		5~6				★
	5	业主委员会	业主自治机构	100		30~35				
商业	6	早点铺	以提供早点服务为主的小吃、快餐	90~120	≥90	≥30		30~40	服务半径200~300米。不得与住宅结合配置，可与其他公共服务设施结合	
	7	便利店	含便民超市	120~150	60~90	20~30		40~50	服务半径300~400米	
市政公用	8	自行车存车处							参照天津市建设项目配建停车场（库）标准	
	9	机动车存车（库）							参照天津市建设项目配建停车场（库）标准	
	10	垃圾分类投放点			6				每50~100户设置1处，每处用地面积6m²（仅用于放置垃圾收集设施）	
	11	热交换站		120~200				40~67	可与其他建筑结合设置，应有独立房间	
	12	10KV配电站			83、103、138、259				可与其他建筑结合设置，配电规模和数量应按照用电负荷和远景预期确定，供电半径不宜超过200米	
	13	箱式变电站			12~15		8~10		规模和数量应按照用电负荷和远景预期确定，供电半径不宜超过200米。只设置在社区的多层区域	
	14	电信设备间		25				8	可与其他公建结合设置，宜与有线电视设备间共同设置，但要保证有线电视设备间的独立通道	
	15	有线电视设备间		15				5	可与其他公建结合设置，宜与电信设备间结合，但要保证有线电视设备间的独立通道	

注：1.表中一般规模是指0.3万人，不足一般规模的按一般规模配置。2.★为"非经营性公建"。须严格执行《天津市新建住宅配套非经营性公建建设和管理办法》的要求。

4.5 公共服务设施分级配置说明

4.5.1 公共服务设施分级配置标准的制定主要遵循以下两个基本原则：①高标准，打造高标准、高水平的公共服务设施。其中，非经营性公建按照本标准的配置要求之外还应满足《天津市新建住宅配套非经营性公建建设和管理办法》的相关要求；②集约化，将定单式限价商品住房中的社区级、邻里级部分公共服务设施集中设置，形成社区中心和邻里中心，发挥设施的集合效应，提高居民出行的办事效率，也提供了一个非正式的居民聚会的场所，增强社区的归属感。

4.5.2 各级公共服务设施中的控制性指标指社区在规划、设计和建设时，必须执行的指标；指导性指标指社区在规划、设计和建设时，可根据市场需求，灵活掌握的指标。

4.5.3 相较于原天津市公共服务设施配置标准，对新编制的定单式限价商品住房公共服务设施的配置及规模做出了如下调整：考虑到便民需求，社区级公共服务设施中的医疗卫生一项中增设"门诊"，门诊结合街道办设置，须有独立出入口。社区级公共服务设施中的社区文化活动中心内部必须设置社区图书馆；原天津市公共服务设施配置标准里的社区文化中心内含多功能厅，因使用性质与街道办中的活动大厅相似，且两者均设于社区中心内部，所以将原社区文化中心的多功能厅这一使用功能与活动大厅相结合，社区文化中心的建筑面积由 $7500m^2$ 调整至 $6500m^2$。将原街坊级的公共服务设施居委会和物业管理服务用房提升至邻里级，并结合社区服务站设置于邻里中心。物业管理用房建筑面积 $400m^2$，根据实际使用情况，如面积不足，可以使用邻里中心中的"其他服务、活动用房"作为补充。配合天津市行政体制改革的新形势，结合公共设施的使用要求，提高了社区级和邻里级的部分公共服务设施的建筑面积：街道办事处由原标准中规定的 $1500m^2$ 提高到 $6500m^2$，社区卫生服务站由 $150m^2$ 提高到 $300m^2$（新增5个病床床位，可用于日常输液），社区服务站由 $600m^2$ 提高到 $2100m^2$，居委会由 $100m^2$ 提高到 $600m^2$。

4.5.4 在小街廓、密路网的建设模式下，在配置街坊级公共服务设施时，如同一开发商所属的多个地块间跨越城市主干道（含城市主干道）及以上级别道路，考虑到安全性问题及北方冬季气候寒冷等因素，则文化活动用房、社区警务室、早点铺、便利店、业主委员会等居民常用设施须按照独立地块分别进行配置；如同一开发商所属的多个地块间跨越城市主干道以下级别道路，考虑到窄街廓、密路网的建设模式下每个地块的人口规模远远小于原一个组团的人口规模（3000～5000人），如每个地块都须单独配置所有设施，必然会造成重复建设。为了便于管理，节约投资，建议在满足人口规模及服务半径要求的前提下，街坊级公共服务设施按照整体进行配置。

4.5.5 为了使定单式限价商品住房配套指标更科学合理，参照相关国家规范和天津市城市相关标准，定单式限价商品住房按照社区、邻里、街坊三级配置。具体规划建设时，在执行本标准的同时，还需满足规划与国土管理部门下达的规划条件中的配套项目要求。本次编制按照一个街道办事处对应一个社区，设置社区中心；一个居委会对应一个邻里，设置邻里中心；一个业主委员会对应一个街坊。配合新区行政管理创新和今后发展的因素，并结合原天津市居住区公共服务设施配置标准中规定的服务半径，因此本标准确定社区人口规模 10 万人（附表中一般规模指标，按 5 万人计算），邻里级 1 万人（指标按 1 万人计算），街坊级 1000～3000 人（指标按 0.3 万人计算）。

4.5.6　本标准提出的是分级配套标准，在实际规划建设时应注意：社区级配套建设需同时满足本标准中提出的社区、邻里、街坊三级配套要求，邻里级配套建设需同时满足本标准中提出的邻里级和街坊级配套要求，而街坊级配套建设只需满足本标准提出的街坊级配套要求。

4.5.7　三级结构规模之间的开发地块，除按照分级结构规模，配置相应级别的公共服务设施外，还应根据周边现有配套条件和本开发地块的实际需求，按照上一级千人指标计算，配置一定比例的上一级配套公建。

4.5.8　新建住宅配套非经营性公建是新建住宅项目中必须控制以保障民生需求、居民生活必需的公共服务设施，主要包括：教育、社区医疗卫生、文化体育、社区服务（含菜市场）、行政管理和市政公用等六类公共服务设施。在定单式限价商品住房中，配套非经营性公建按社区、邻里、街坊三级配置。

4.5.9　开发建设单位在报批修建性详细规划或总平面设计方案时，应当在规划设计文件和总平面图中标明配套非经营性公建性质、名称、位置和规模等内容。新建住宅配套非经营性公建不得销售，建成后应按照《天津市新建住宅配套非经营性公建建设和管理办法》无偿进行移交。

5. 住区规划设计

5.1　地块尺度

为创造开放、充满活力的社区，避免封闭的大街廓，同时考虑社区安全管理，新建区域建议采用小街廓密路网式布局，结合用地功能，街廓尺度控制在 200m 左右，街坊用地规模为 2～4 公顷。

5.2　道路系统

5.2.1　除城市主次干道外，住区道路系统宜按小街廓、密路网组织，道路红线宽度不宜超过 20 米，除特殊设计外，一般不再设置绿线。

5.2.2　住区道路类型。住区道路（不含街坊内部道路）可划分为生活性街道和交通性街道，由控制性详细规划制定。生活性街道以慢行交通方式为主，首要满足人群在街道上散步、驻足及交往需求，一般限制机动车通行；交通性街道首要满足城市车辆的通行需求。

5.3　街道空间

依据街道类型对周边建筑进行布局，综合考虑生活性街道的围合感和交往空间，沿街宜设置商业，并规定建筑贴线率宜达到 60% 以上；生活性街道的建筑退线，有城市设计导则的，按照城市设计导则进行控制。无城市设计导则的，有绿线的退让绿线距离不得小于 3 米；无绿线的，退让红线距离不得小于 5 米。交通性街道退线按照《天津市城市规划管理技术规定》进行控制。

5.4　建筑设计导则

5.4.1　按照《滨海新区总体城市设计》和《滨海新区规划建筑设计导则》的要求，考虑到定单式限价商品住房的特点，定单式限价商品住房鼓励以多层（24 米以下）为主，高度原则控制在 60 米（18 层）以下，为塑造丰富的城市天际线，局部可在 100 米以下。

5.4.2　立面设计应通过造型变化、细部和色彩处理，形成丰富温馨的感受；高层立面避免使用面砖；多层住宅立面宜采用涂料、面砖和石材。

5.4.3　高层住宅顶部应错落有致；多层住宅宜采用坡屋顶形式。

5.5　说明

相较于原天津市住区规划设计，对新编制的定单式限价商品住房的住区规划设计作出了如下调整：

5.5.1　原来的封闭式大街廓开发模式，造成了城市街区的尺度过大，妨碍了邻里间的交往和步行城市的建设，为创造开放的、适于步行的、充满活力的社区，新区定单式限价商品住区设计以密路网划分而成的小街坊为基本单位开展建设，街坊的规模控制在 2~4 公顷之内。

5.5.2　原来的封闭式大街廓开发模式，加重了城市道路机动车的通行压力，城市道路机动车交通量大且不适宜步行，为创造良好的住区街道生活，新标准采用小街廓、密路网式规划格局，增加了住区路网的密度，并对住区道路的宽度进行了限定，对住区道路功能进行了分类（生活性街道和交通性街道），并且要求生活性街道以人行为主，限制机动车通行。

5.5.3　原天津市城市规划管理技术规定（2009 年版）规定城市主次干道均要进行绿带控制，新规定考虑到为充分发挥住区街道的生活感以及加强人们之间的交往，规定除特殊设计外，住区路网可不进行绿带控制。

5.5.4　考虑为增强住区街道生活感及在满足住宅庭院建设的前提下，新标准调整了建筑退线的要求：有城市设计导则的，按照城市设计导则进行控制；无城市设计导则的，由原《天津市城市规划管理技术规定》要求的建筑退让绿线 5 米调整至 3 米，退让道路红线 8 米调整至 5 米。

6. 技术指标

为了营造良好的居住环境，同时合理降低成本，鼓励定单式限价商品住房的开发建设，提高开发商参与的积极性，在保证居住品质不降低的前提下制定如下政策性指标。

6.1 机动车停车方式

定单式限价商品住房机动车停车方式宜采用地面停车、地面架空平台下停车、半地下停车、地下停车多种方式相结合。地面停车位宜做好垂直绿化、车位间绿化，并采用渗水铺装。

6.2 地面停车率

定单式限价商品住房地面停车率在满足绿化率的前提下不宜大于60%。

6.3 车位尺寸

定单式限价商品住房车位尺寸，原则按照《汽车库建筑设计规范（JGJ 100-98）》，即每个车位的尺寸为2400×5300（地面架空平台下车位尺寸在满足停车需求的前提下可结合柱网间距适当调整）。

6.4 地面车位与城市道路防护绿地相结合

经规划主管部门认定，如地块可用地面积小于2公顷，且在满足管线铺设及道路交通相关要求的前提下，地面车位可与城市道路防护绿带结合设置：占用城市次干道防护绿带宽度不得大于3米，占用城市主干道防护绿带宽度不得大于5米（防护绿带内的停车位计入项目停车率指标）。

6.5 地面架空平台／半地下车库

地面架空平台、半地下车库顶部平台须满足居民休闲活动要求，平台绿化应考虑乔木与灌木相结合，同时须设置相应的安全措施确保居民活动安全。

6.6 绿地率

平台绿化计入定单式限价商品住房绿地率。

6.7 容积率

风雨廊、架空平台不计入定单式限价商品住房容积率。

6.8 建筑密度

地面架空平台基底面积不计入定单式限价商品住房建筑密度。

6.9 说明

6.9.1 《天津市建设项目配建停车场（库）标准》规定居住区地面停车率不宜超过15%；在合理减少建设成本的前提下，本标准规定定单式限价商品住房地面停车率可大于15%，但应满足绿地率的要求，地面停车位应做好绿化，保证环境品质。

6.9.2 按照《天津滨海新区控制性详细规划"六线"控制要求》，"……绿线规划要求一经批准，将作为城市绿地严格控制，绿线内的用地不得改作他用，不得违反法律法规、强制性标准以及批准的规划进行开发建设。"针对定单式限价商品住房，经规划主管部门认定，如地块可用地面积小于2公顷，为合理减少成本，且在满足管线铺设及道路交通相关要求的前提下，地面车位可与城市道路防护绿带结合设置。

6.9.3 《城市居住区规划设计规范》GB50180-93规定"屋顶、晒台的人工绿地不计入绿地率",本标准中规定地面架空平台、半地下车库顶部平台在满足当地植物绿化覆土要求、居民休闲活动且方便居民出入并做好安全措施的前提下,可以计入定单式限价商品住房绿地率。

6.9.4　为合理降低成本,本标准中规定建筑之间起连接作用的风雨廊、架空平台不计入容积率。

6.9.5　现行居住区规范中无明确规定架空平台计入建筑密度,本标准中考虑到架空平台在满足当地植物绿化覆土要求、居民休闲活动且方便居民出入并做好安全措施的前提下,架空平台的设置并不影响环境质量,因此规定架空平台基底面积不计入定单式限价商品住房建筑密度。

关于落实 2011 年保障性住房和定制商品住房建设工作责任目标的实施意见

为加快改善我区中低收入家庭住房条件，根据市人民政府办公厅《转发市国土房管局关于落实 2011 年住房保障和危陋房屋拆迁安置工作责任目标实施意见的通知》（津政办发〔2011〕17 号）精神，现就落实滨海新区 2011 年保障性住房（含蓝白领公寓）、定制商品住房建设工作责任目标提出如下实施意见：

一、分解责任目标

根据市保障性住房建设目标和新区保障性住房建设计划，将 2011 年廉租住房租房补贴、经济租赁住房租房补贴、保障性住房（含蓝白领公寓）、定制商品住房建设工作责任目标分解到各管委会、相关部门和单位（详见附件）。

二、落实责任主体

塘沽、汉沽、大港管委会负责落实公共租赁住房、限价商品住房建设目标和廉租住房租房补贴、经济租赁住房租房补贴责任目标；各经济功能区管委会负责落实蓝白领公寓建设责任目标；各相关部门和单位负责落实定制商品住房建设责任目标。

三、加强协调服务

分解责任目标中涉及的规划、国土、房管、财政、发展改革、建设等部门要认真履行职责，主动服务，加大协调力度，提高办事效率。

四、建立考评机制

为确保各项工作目标的实现，按照责任目标，加强对各责任主体的考核。住房保障工作责任目标完成情况纳入年度工作目标考核。各管委会、相关部门和单位每月 3 日前将责任目标完成情况报送区规划和国土资源管理局，由区规划和国土资源管理局汇总上报区人民政府。

五、加大宣传力度

各管委会要充分运用有线电视、报纸、政务网等媒体开展政策宣传，组织街道办事处（镇人民政府）、居民委员会有针对性地做好宣传工作。要加大政务公开力度，严格落实公示制度，认真接受群众监督，确保住房保障和补贴发放工作公开、公平、公正。

六、健全工作机构

各管委会、相关部门和单位要健全住房保障工作机构，按照工作任务需要，充实人员力量，落实岗位职责，明确工作要求和考核标准，保证住房保障政策顺利实施。

附件：1.2011年滨海新区保障性住房建设目标分解
2.2011年滨海新区蓝白领公寓建设目标分解
3.2011年滨海新区定制商品住房建设目标分解
4.2011年滨海新区廉租住房租房补贴、经济租赁住房租房补贴责任目标分解

滨海新区规划和国土资源管理局
二〇一一年四月二十二日

附件1

2011年滨海新区保障性住房建设目标分解 ❶

建设类型	项目名称	责任单位	建筑面积	套数（套）
公共租赁住房	汉沽公租房	住房投资有限公司	25995	432
	科大公租房项目	天津科大	145732	1240
经济适用住房	大港油田项目	泰丰房地产	620000	7500
	大港油田阳光家园	普丰房地产	600000	5164
限价商品住房	港东新城	大港房地产	107821.69	1148
	汉沽葆芳苑	汉沽房地产	73000	935
合计			1572548.69	16419

---

❶ 编者注：表格中建筑面积的单位为平方米（m²）。

附件 2

2011 年滨海新区蓝白领公寓建设目标分解 [1]

建设类型	项目名称	责任单位	建筑面积	套数（套）
蓝白领公寓	开发区大火箭项目	基建中心	45630	947
	滨海旅游区畅园项目	滨海名苑投资有限公司	90000	1069
	东疆港区蓝领公寓项目	天津港公司	23000	383
	汉沽现代产业园公寓	基建中心	57376	728
	临港工业区蓝领公寓	临港控股	85000	1711
	轻纺经济区蓝领公寓	轻纺经济区管理委员会	70000	1121
	中心渔港蓝领公寓项目	中心渔港开发有限公司	87960	360
	富士康蓝白领公寓项目	基建中心	442082.7	7653
	福光公寓	福光公司	120000	1926
	生态城公寓	公屋建设有限公司	180692	1885
合计			1201740.7	17783

附件 3

2011 年滨海新区定制商品住房建设目标分解 [2]

建设类型	项目名称	建设单位	建筑面积	套数（套）
定制商品住房	滨海欣嘉园	滨海黄港实业有限公司	256837.98	2850
合计			256837.98	2850

附件 4

2011 年滨海新区廉租住房租房补贴、经济租赁住房租房补贴责任目标分解

责任部门	责任目标	
	廉租住房租房补贴（户）	经济租赁住房租房补贴（户）
塘沽管委会	110	100
汉沽管委会	100	100
大港管委会	50	50
合计	260	250

---

[1] 编者注：表格中建筑面积的单位为平方米（m^2）。
[2] 编者注：表格中建筑面积的单位为平方米（m^2）。

关于落实 2012 年住房保障工作责任目标的实施意见

2012 年，区委、区政府将住房保障工作列为 20 项民心工程，确定了全年新建保障性住房 200 万平方米、2.5 万套，新增两种补贴 290 户的工作目标。为加快改善我区中低收入家庭住房条件，确保工作责任目标顺利实现，现就落实 2012 年住房保障工作责任目标提出如下意见：

一、分解责任目标

根据市保障性住房建设规模要求和新区保障性住房建设计划，将 2012 年保障性住房建设工作责任目标分解到各管委会和相关部门、单位（详见附件）。

二、落实责任主体

塘、汉、大管委会负责廉租住房租房补贴、经济租赁住房租房补贴责任目标；各功能区管委会负责落实蓝白领公寓建设责任目标；各相关部门、单位负责落实定单式商品住房建设责任目标。

三、加强协调服务

分解责任目标中涉及的规划、国土、财政、发改、民政、建设等部门要认真履行职责，主动服务，加大协调力度，提高办事效率。

四、建立考评机制

为确保各项工作目标的实现，按照责任目标，加强对各责任主体的考核。住房保障工作责任目标完成情况纳入年度工作目标考核。各管委会和相关部门、单位每月 3 日前将责任目标完成情况报送区规划国土局，由区规划国土局汇总上报。

五、加大宣传力度

结合新区政府确定的 2012 年 20 项民心工程的宣传工作，通过新区"一报两台"加强对保障性住房建设和各项政策宣传力度。区规划国土局开设保障性住房专项网站，公布保障性住房各项信息和相关政策。

各管委会要充分运用有线电视、报纸、政务网等媒体开展政策宣传。相关街道办事处（乡镇人民政府）、居民委员会要有针对性地做好宣传工作。

六、健全工作机构

各管委会要健全住房保障工作机构，按照工作任务需要，充实人员力量，落实岗位职责，明确工作要求和考核标准，保证住房保障政策顺利实施。

附件：1. 2012 年天津市滨海新区保障性住房建设责任目标分解表
2. 2012 年滨海新区"两种补贴"责任目标分解

区规划国土局
二〇一二年五月七日

附件 1

2012 年天津市滨海新区保障性住房建设责任目标分解表[1]

序号	项目类型	项目名称	建设单位	建筑面积	套数（套）
1	经济适用住房	小王庄项目	港城投资	456889.34	5078
2		中塘示范镇	泰达中塘	393900	4347
3		太平示范镇	天保嘉郡	138780.96	1553
4		消防总队项目	消防总队	34746.9	305
5		塘沽西部新城安置房项目	新塘建设	403830	3438
	小计			1428147.2	14721
6	定单式限价商品住房	生态城公屋	生态城建设	135399	1708
	小计			135399	1708

---

[1] 编者注：表格中建筑面积的单位为平方米(m^2)。

续表

序号	项目类型	项目名称	建设单位	建筑面积	套数（套）
7	公共租赁住房（蓝白领公寓）	中海油蓝白领公寓项目	渤海公司	23022	481
8		北塘经济区白领公寓项目	北塘建设	42895.19	814
9		大港油田公租房项目	普丰房地产	43042.93	472
10		高新区蓝白领公寓项目二期	博广置业	11000	184
11		保税区金发职工公寓项目	金发新材	75874.79	1515
12		高新区蓝领公寓项目一期	博广置业	60600	931
13		生态城建设公寓	公屋公司	134230	2080
14		旅游区白领公寓	滨海名苑	60000	588
15		临港经济区蓝领公寓二标段	临港控股	55087	1051
	小计			505751.91	8116
		合计		2069298.11	24545

附件 2

2012 年滨海新区"两种补贴"责任目标分解

管委会	两种补贴（新增户数）		合计
	廉租住房租房补贴	经济租赁房租房补贴	
塘沽	120	30	150
汉沽	100	20	120
大港	10	10	20
合计	230	60	290

关于落实 2013 年住房保障工作责任目标的实施意见

2013 年，区委、区政府将住房保障工作列为 20 项民心工程，确定了全年新建保障性住房 1.5 万套，新增两种补贴 340 户的工作目标。为加快改善我区中低收入家庭住房条件，确保工作责任目标顺利实现，现就落实 2013 年住房保障工作责任目标提出如下意见：

一、分解责任目标

根据市保障性住房建设规模要求和新区保障性住房建设计划，将 2013 年保障性住房建设工作责任目标分解到各管委会和相关部门、单位（详见附件）。

二、落实责任主体

塘、汉、大管委会负责廉租住房租房补贴、经济租赁住房租房补贴责任目标；各功能区管委会负责落实蓝白领公寓建设责任目标；各相关部门、单位负责落实定单式限价商品住房建设责任目标。

三、加强协调服务

分解责任目标中涉及的规划、国土、财政、发改、民政、建设等部门要认真履行职责，主动服务，加大协调力度，提高办事效率。

四、建立考评机制

为确保各项工作目标的实现，按照责任目标，加强对各责任主体的考核。住房保障工作责任目标完成情况纳入年度工作目标考核。各管委会和相关部门、单位每月 3 日前将责任目标完成情况报送区规划国土局，由区规划国土局汇总上报。

五、加大宣传力度

结合新区政府确定的 2013 年 20 项民心工程的宣传工作，加强对保障性住房建设和各项政策宣传力度。区规划国土局在保障性住房专项网站，公布保障性住房各项信息和相关政策，接受社会监督。

各管委会要充分运用有线电视、报纸、政务网等媒体开展政策宣传。相关街道办事处（乡镇人民政府）、居民委员会要有针对性地做好宣传工作。

六、完善工作机构

各管委会要完善住房保障工作机构，按照工作任务需要，调整人员，落实岗位职责，明确工作要求和考核标准，保证住房保障政策顺利实施。

附件：1. 2013年滨海新区保障性住房建设项目责任目标分解表
   2. 2013年滨海新区"两种补贴"责任目标分解

滨海新区规划和国土资源局
二〇一三年五月八日

附件1

2013年滨海新区保障性住房建设项目责任目标分解表

序号	项目类型	区域	项目名称	责任单位	建设单位	实际套数（套）
1	公共租赁住房	轻纺经济区	轻纺经济区起点公寓	轻纺经济区管委会	轻纺经济区建设发展公司	568
2		中部新城南部片区	南港工业区蓝领公寓	南港经济区管委会	南港开发公司	300
3		高新区	高新区蓝白领公寓	滨海高新区管委会	博广置业有限公司	399
4		旅游区	旅游区蓝白领公寓	滨海旅游区管委会	滨海名苑投资有限公司	600
5		开发区	三星电子蓝白领公寓	开发区管委会	开发区基建中心	940
	小计				—	2807
6	经济适用住房	大港	大港农场	大港农场	农工商津港公司	1095
7		大港	大港油田经适房	大港油田集团公司	普丰房地产公司	3508
8		塘沽	塘沽农场经适房	天津农垦集团	农垦大川投资发展有限公司	1800
	小计					6403

续表

序号	项目类型	区域	项目名称	责任单位	建设单位	实际套数（套）
9	定单式限价商品住房	中部新城	南部片区A30地块	中部新城公司	中部新城公司	526
10		中部新城	海晶建设公司项目	海晶建设发展有限公司	海晶建设发展有限公司	630
11		中部新城	星湾苑	天津市政滨新置业有限公司	天津市政滨新置业有限公司	240
			莹波苑			306
12		中部新城	佳宁苑	新区住房投资有限公司	新区住房投资有限公司	288
			裕安苑			271
13		中部新城	观潮苑	泰成置业发展有限公司	泰成置业发展有限公司	246
14		大港	大港油田	大港油田集团公司	普丰房地产公司	1300
15		塘沽	塘汉路西侧	中建六局	兴渤海	1693
16		塘沽	塘沽工农村新北路南侧定单式限价商品房项目	金建联营房地产开发公司泰和房地产开发有限公司	天津新时代房地产开发有限公司	290
小计		——	——	——	——	5790
合计		——	——	——	——	15000

附件2

2013年滨海新区"两种补贴"责任目标分解

管委会	两种补贴（新增户数）		合计
	廉租住房租房补贴	经济租赁房租房补贴	
塘沽	120	30	150
汉沽	140	30	170
大港	10	10	20
合计	270	70	340

规 划 篇

　　滨海新区区委、区政府成立后,高度重视滨海新区保障性住房的规划与建设工作,将其作为最现实、最急迫的民生问题来抓,着力解决新区非农业户口、低收入住房困难家庭和来新区务工、创业员工的住房问题。滨海新区作为中国经济增长第三极,其保障性住房的规划建设要充分体现新区特色并有所创新,努力通过高品质的保障房规划设计、良好的宜居生活环境,吸引更多人才到新区就业、创业。

　　本篇包括滨海新区住房建设"十二五"规划、保障性住房重点建设片区规划两部分内容。滨海新区住房建设"十二五"规划是配合滨海新区"十大改革"之一的住房制度改革,按照新区总体工作部署编制,结合规划目标、住房体系、房价收入比研究、规划建设规模预测、年度建设计划等方面研究成果,形成的"十二五"期间规划建设指导方案,分为发展回顾、体系构建、规划布局及建设保障四部分内容。

　　保障性住房重点建设片区主要介绍了滨海欣嘉园、中部新城北组团(和谐新城)、中部新城南组团三个新区保障房重点建设地区的规划方案。其中中部新城北组团还以临港示范社区的修建性详细规划为例,探索具有新区特点的保障性住房社区模式。针对人口的不同需求,提出了多种住房类型产品混合的布局方案以及公共服务设施集中布局的创新理念,对滨海新区建设高质量、人性化的保障性住房社区开展了有益的探索。

滨海新区住房建设"十二五"规划

1 规划编制背景

为配合"十大战役",实施滨海新区十大改革之一的住房制度改革,发挥滨海新区"先行先试"的优势,按照新区总体工作部署,结合规划目标、住房体系、房价收入比研究、规划建设规模预测、年度建设计划等方面研究成果,借鉴国内外保障性住房经验,组织编制了《天津市滨海新区住房建设"十二五"规划》。

规划针对住房市场出现的新情况、新问题,做出调整策略,坚持以人为本,将保增长与扩内需、调结构、促改革、惠民生相结合。一方面,积极采取双向调控措施,促进房地产市场的健康平稳发展;另一方面,进一步完善住房保障体系,扩大住房保障覆盖范围,针对滨海新区人口特点与住房发展现状,构建了符合新区人口发展特色的滨海新区住房体系,明确了各类保障性住房的空间布局。同时,针对住房建设中的政策、规划实施、居住用地规模、社区管理、户型设计与施工建设、社区生态绿地的建设原则与措施、老年社区建设与财政支持保障等内容提出相关建议。

本次规划目标为:1)新区内符合天津市保障性住房政策的人群三年内实现"应保尽保";2)外来务工人员及刚毕业大学生的住房需求主要通过蓝白领公寓、政府公屋等住房满足;3)向建筑工人、环卫工人提供建设者之家等定向型的职工之家,并参照蓝白领公寓方式管理;4)向随企业入驻滨海新区的各类人才及通勤人口提供定单式限价商品住房,满足其居住需求;5)商品住房主要面对上年总收入高于新区人均劳动报酬 2.4 倍的家庭,高端需求和投资性需求通过高档商品住房满足。

2 住房建设发展回顾

新区购房需求人群主要由三部分组成:一部分是经济基础较好、收入较高的中高收入人群;一部分是包括外来务工人员和刚毕业的大学生在内的经济基础薄弱的中低收入人群;另一部分是具有一定经济基础的中低收入人群,由于结婚或抚养子女等问题出现的改善型需求。

新区作为新兴移民地区,外来人口众多。大部分常住外来人口和跨区域通勤人口的购房需求难以享受保障政策。同时,新区经济适用房建设量较少,廉租房建设更是处于空白,大量低收入居民的居住条件亟待改善。

自 2010 年新区政府成立以来,滨海新区开工建设各类保障性住房项目 44 个,共计

680万平方米。户籍人口人均住房指标与住房条件不断提高，符合廉租住房租房补贴及经济租赁住房租房补贴的家庭已全部享受到优惠政策，实际租房率达到99.2%。另一方面，考虑到新区特殊的人口构成，为逐步扩大住房保障范围，各功能区组织建设了多元化的包含蓝白领公寓、政府公屋、建设者之家在内的保障性住房，以解决外来务工人员住房问题。

3 住房建设发展评估

3.1 现状概况

（1）现状人口基本概况

2011年滨海新区常住人口240.8万，其中外来人口127万，占总人口的53%，通勤人口在20万以上。

滨海新区现状人口构成

人口类型			人口规模（万人）		人口比例	
2011年常住人口	户籍人口	农业人口	20.8	113.8	8.64%	47%
		城镇户籍人口	93		38.62%	
	外来人口		127		53%	
总计			240.8		100%	

（2）现状基本概况

2010年新区居住用地面积约80平方公里，常住人口人均居住用地面积约36.04平方米。

（3）住房存量概况

2010年新区行政辖区范围内，住房存量共约6237万平方米。常住人口人均住房建筑面积约24.6平方米，略低于全市30.5平方米的平均水平。但若以户籍人口统计人均住房建筑面积，则远大于天津市平均水平。

（4）新区人口居住分类分析

从人口居住类型来看，新区人口可分为非农业户籍人口、农业户籍人口和外来

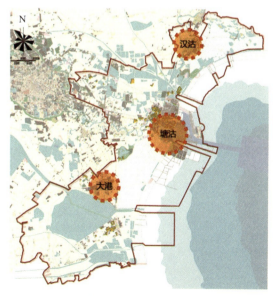

居住用地现状分布图

人口。各类人口特点如下：

非农户籍人口：收入相对较高，拥有自己的住房，人均居住面积较高；投资性购房或为子女准备，自己不住，短期内用来出租；新区现有2600户领取租房补贴，3189户申请限价商品住房，低保家庭及危陋平房住户住房条件较差（约100万平方米）。

农业户籍人口：新区农业人口过去以自有宅基地、村集体集资等方式解决住房需求，目前农业户籍人口住房面临更新等问题，在统一规划下，通过示范小城镇、农村城市化等形式解决。

外来人口：目前新区外来人口的居住形式可分为以下四种：第一种为集中居住，居住者多为产业工人，集中居住在工业园区集居公寓（蓝领公寓、建设者公寓）或集体租住房（企业组织合租）。第二种为自发聚居，居住者多就职在传统服务业，自发地形成"村落型"聚居，属于城中村性质。由于租金便宜、交通便捷或紧邻外来务工人员的工作场所而受到欢迎。第三种为分散居住，居住者多为传统服务业就业人员，或散租民用房，或租赁居委会、市民临时搭建的简易房。第四种为来新区就学的人员，多以宿舍、市民出租房解决居住需求。

（5）住房建设、住房价格发展概况

2011年商品住房销售202万平方米，住房均价8903元/平方米。2012年，新区住房销售302.14万平方米，住房均价8697元/平方米，住房价格有所回落。

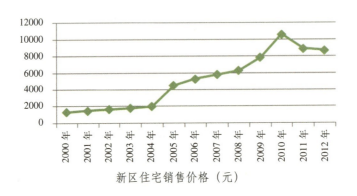

新区住宅销售价格（元）

新区住宅竣工面积与销售面积对比

(6) 住房建设发展成就

随着户籍人口人均住房指标与住房条件不断提高，符合廉租住房租房补贴及经济租赁住房租房补贴的家庭已全部享受到优惠政策，实际租房率达到99.2%。蓝白领公寓、政府公屋、建设者之家等保障性住房的建设实施，大大解决了外来务工人员的住房问题。

(7) 保障性住房建设情况

新区政府成立后，塘沽、汉沽、大港地区及各功能区分别开工建设各类保障性住房项目44个，共680万平方米。

2010年保障性住房建设项目分布

(8) 村镇住房建设现状

新区农业人口约26万。农民住房主要通过示范小城镇、农村城市化为模式解决。

(9) 房价收入比研究

根据调研，房价收入比的合理值应为1.9～5.6，新区平均房价收入比合理值经研究定为5.6。

3.2 问题分析

新区住房发展主要面临以下四个问题：

1) 房价快速上涨，由市场主导的住房体系相对脆弱。2010年新区住房均价为10600元/平方米，在近5年内增长了近5倍，较09年增长35%，高于全市平均22%的增长幅度。若以房价收入比作为衡量购买

新区村镇住房建设情况

能力的主要指标，以2010年新区平均家庭收入计，平均房价收入比约为7.77，大部分超过5.6的适宜区间，可见新区多数家庭购房压力较大。

2) 低收入与住房困难家庭居住条件需要改善。新区现有2600户领取租房补贴，3189户申请限价商品住房，并有约100万平方米危陋房屋。

3) 住房保障对象需要调整。包括高新技术人才、产业工人、农民工、外来务工人员在内的"夹心层"群体并未被我市现行保障体系涵盖。

4) 职住空间分离。由于目前主要产业集聚区居住与配套设施不健全，造成大量通勤人口往返于工作与居住地之间，职住失衡现象突出。

4 住房规划工作目标

2010年新区GDP 5030亿，2011年达到6206.9亿。根据滨海新区"十二五"规划，2015年新区GDP将达到10000亿。经济发展需要相应人口规模作为支撑，人口的增加需要住房作为保障。因此，合理的政策引导、充裕适宜的住房，将成为实现新区经济飞跃的关键。

滨海新区住房规划工作目标为：

1）新区内符合天津市保障性住房政策的人群三年内实现"应保尽保"；2）外来务工人员及刚毕业大学生的住房需求主要通过蓝白领公寓、政府公屋等住房满足；3）向建筑工人、环卫工人提供建设者之家等定向型的职工之家，并参照蓝白领公寓管理；4）向随企业入驻滨海新区的各类人才及通勤人口提供定单式限价商品住房，满足其居住需求；5）商品住房主要面对上年总收入高于新区人均劳动报酬2.4倍的家庭，高端需求和投资性需求通过高档商品住房满足。

5 住房体系与建设规模

"十二五"新区发展定位是成为生态文明示范区、改革开放先进区、和谐社会首善区。为了吸引包含投资者及各类高科技型人才在内的各类人才，进行住房制度改革，建立多层次、多渠道、科学普惠的住房体系是满足新区发展的必须条件。

至2015年规划期末，新区常住人口约320～400万，新区人口结构将呈现年轻化、家庭结构小型化的特点。在新区人口发展趋势的基础上，滨海新区住房体系特色与原则可确定为：

1）保障新区多数人口住房需求，形成多层次的住房供应体系，实现应保尽保；2）营造良好的投资环境，为外来人口、通勤人口、企业和人才入住新区提供住房支持；3）增强对住房市场的调控作用。定单式限价商品房作为政府主导、市场运作的保障性住房，对稳定房价具有一定作用，但该体系在国内尚无先例，存在不可预知因素，具有一定的风险性，仍需要不断总结完善。

在新区住房体系特色与原则的指导下，构建滨海新区住房体系、规划布局与建设保障建议。

5.1 滨海新区住房体系

在现有天津市保障性住房体系的基础上，形成包含保障性住房、政策性住房、商品住房在内的滨海新区住房体系。与原体系相比，该体系增加了保障形式，放宽了保障准入条件，保障对象由户籍人口调整为包括外来人口在内的常住人口，保障范围大大提高。

目前滨海新区的住房体系包含两种保障性住房和两种政策性住房。其中保障性住房包括：1）公共租赁住房，即家庭人均年收入 3 万元以下，人均居住面积 12 平方米以下的家庭，政府提供公共租赁住房，租金价格相当于市场价格的 70%；2）限价商品住房，家庭人均年收入 3 万元以下，住房面积 60 平方米以下的家庭，政府提供限价商品住房。

新区住房体系与对应需求人群

人口类型	需求类型	住房类型						
		公共租赁住房	限价商品住房	白领公寓	蓝领公寓	定单式限价商品住房	普通商品住房	高档商品住房
户籍非农人口	保障性需求	✓	✓					
	婚房等新增需求					✓	✓	
	改善需求					✓	✓	✓
	人才引进			✓		✓	✓	
	投资							✓
外来人口	自住					✓	✓	
	高新技术人员			✓		✓	✓	
	产业工人	✓		✓	✓	✓		
	农民工				✓			
	投资							✓
农民	宅基地置换							
	农村城市化						✓	
通勤人口	自住					✓	✓	

政策性住房包括：1）蓝白领公寓，主要面向外来务工人员和新就业大学毕业生。蓝白领公寓是公共租赁住房的一种形式，主要为在新区就业、签订劳动合同的单身职工提供，降低务工人员居住成本，为招商引资创造条件。2）定单式限价商品住房，主要针对新区未来大量外来常住人口，是一种为解决在新区就业，签订劳动合同的企业职工、机关事业单位职工以及具有新区户籍中等收入家庭住房改善问题而设定的政策性商品住房。

定单式限价商品房是滨海新区开发定制商品住房的保障性住房产品，是政府主导、市场运作的限价商品房的一种。其准入条件与管理及销售价格等与限价商品房存在差异，如下表所示。

限价商品房与定制商品住房对比

限价商品住房	定制商品住房
准入条件： 具有新区非农业户籍； 家庭住房建筑面积不超过60平方米； 家庭上年人均收入低于3万元	准入条件： 不限定户籍，非新区户籍的要求在新区就业签订劳动合同； 新区范围内所有住房在1套以下的家庭； 上年家庭总收入在新区统计局公布的城镇单位从业人员人均劳动报酬的2.4倍以下（2010年预计为13.91万元）
退出管理： 购买限价商品住房满五年，购房人可上市交易	退出管理： 应转让给住房部门认定的符合准入条件的购房人
销售价格： 实行政府指导价管理。在综合考虑土地整理成本、建筑安装成本、配套成本、项目管理和利润等因素基础上测定限价商品住房销售价格。原则上比测定销售价格前3个月内周边或同地区普通商品住房价格低20%左右	销售价格： 实行政府指导价管理。其销售价格按成本法进行测算，包括：土地整理成本、政府收益、配套成本、建筑安装成本、间接费、10%以内的利润和税费，同时参考CPI指数和新区城镇单位从业人员人均劳动报酬上涨因素等
上缴税费： 不缴纳高铁建设费	上缴税费： 缴纳高铁建设费

定单式限价商品房的规划配套与以往住区开发模式有所创新。

1）定单式限价商品房的人口配置规模

定单式现价商品房规模

2）定单式限价商品房的用地与开发规模

对应定单式限价商品房的人口配置规模，其用地与开发规模为1个街坊2～4公顷，容积率1.5～1.8，建筑面积3万～6万平方米。

3）定单式限价商品房的配套要求

定单式限价商品房的配套设施逐级设置，中小学、生鲜超市、物业用房配置齐全，以社区中心、邻里中心为中心，创建示范型社区的新模式。

通过构建多层次的住房体系，满足各类人群的住房需求；通过增加住房保障供应量，有效遏制商品住房价格过快上涨等问题，使新区房地产市场健康发展。

5.2 保障性住房规划布局

"十二五"期间计划建设公共租赁住房共540万～675万平方米，约可满足32.4万～40.5万人的居住需求。针对户籍中等收入者建设的限价商品住房共36万～45万平方米，约满足2.16万～2.7万人住房需求。

规划篇

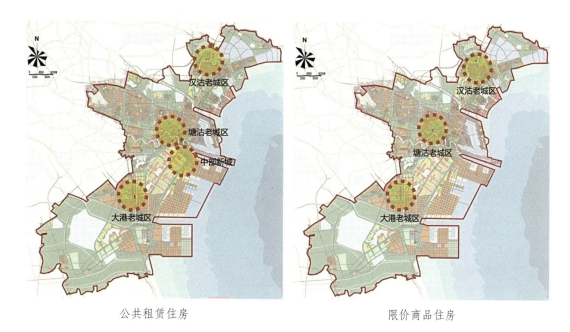

公共租赁住房　　　　　　　　　　　　　限价商品住房

蓝白领公寓共计划建设 476 万～595 万平方米，约满足 122.4 万～153 万人住房需求。定单式限价商品房 851 万～1063 万平方米，可直接为 51.04 万～63.8 万人提供住房保障。

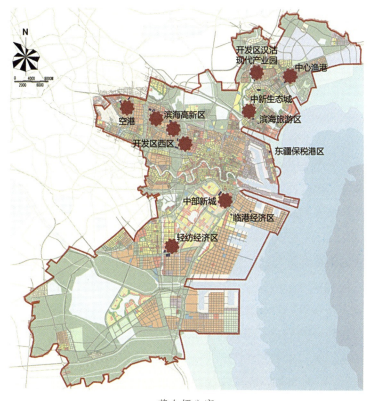

蓝白领公寓

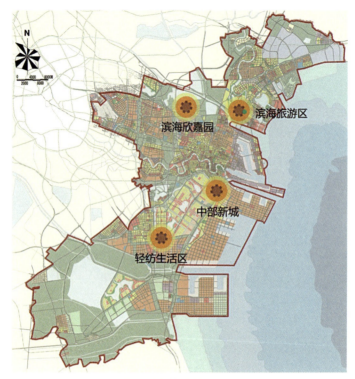

定单式限价商品房分布

5.3 保障性住房建设保障

（1）政策管理保障

在我国现行住房政策条件下，住房供给主要涉及三个方面：通过商品房来解决高收入者的住房需求；通过经济适用住房政策来解决中低收入者家庭的住房需求；通过廉租住房政策来解决没有购买能力的低收入者的居住需求。为此，各地逐步建立起了以经济适用住房制度、廉租住房制度和住房公积金制度为主要内容的住房保障政策的基本框架，解决了部分中低收入者的住房问题。由于我国住房保障制度启动较晚，相应的财政和金融措施配套不健全，仍存在一些问题。

作为综合配套改革试验区，国家允许天津市滨海新区进行土地管理制度和金融制度等一系列改革，滨海新区可以在新一轮大规模土地开发利用和管理过程中进行研究探索，为国内其他地区的改革开放与经济发展提供保证和经验。

首先，政府应发挥"市场缺什么，政府补什么"的市场调节者作用和监督管理者的作用。运用税收、金融等差别化政策，支持居民自住性和改善性住房消费。积极贯彻国家有关规定，在对现有的信贷和税收政策进行梳理的基础上，结合本市实际情况，有针对性地对首次购房、第二次购房中的改善性购房和投资投机性购房，制定并实行差别化的信贷、税收政策，认真贯彻执行国家关于个人购买普通住房、非普通住房的税收政策，支持和引导合理的住房消费，抑制投资投机性购房。逐步完善住房税收体制，在合理增加住房保有阶段的税赋的同时，相应减少流通环节税赋。

其次，随着国家政策调整而适时调整，建议在房地产市场得到有效控制后，在普通商品住房仍限购的前提下，适当考虑取消对高档商品住房、酒店式公寓等的限购，以满足多层次的市场需求。

第三，加强市场监管、维护市场秩序，应进一步强化商品住房项目跟踪调查制度，切实掌握商品住房项目的建设进度，督促开发企业加快项目建设和上市销售，确保市场的正常供应。同时加大销售现场和合同网上备案的监测力度，进一步规范商品住房销售行为。在试点基础上，加快实施新建商品住房预售和存量住房交易资金监管，切实保护购房人的权益。探索建立将企业违法违规信用与其法定代表人、责任人个人信用关联纳入征信系统的制度，进一步加大对房地产企业违法违规行为的查处力度。作为一项改革制度，滨海新区的住房建设需要不断总结和完善，使住房市场长久良性发展。

(2) 规划实施的保障

建立规划实施的动态监控机制，完善住房建设规划的公共参与机制，加强规划效能监察。规划实施一段时间后，围绕规划提出的主要目标、重点任务和政策措施，要组织开展规划评估，全面分析检查规划的实施效果及各项政策措施落实情况，推动规划有效实施，并为动态调整和修订规划提供依据。

发挥年度计划的指导作用。住房建设规划应把目标初步分解到各年，在具体落实中，应根据目标完成实际情况以及经济社会发展和住房供需情况的动态监测，适时适度地进行调整，制定年度住房建设计划。同时，年度住房建设计划作为项目审核、规划许可和土地出让的具体依据，各级政府、各相关部门应严格执行。

(3) 居住用地规模保障

随着新区产业快速发展，新区人口将持续高速聚集，而年轻化的外来人口的消费与生活方式对生活质量和居住提出了较高的要求，同时居住用地的建设也存在一些问题：1) 部分组团规划功能较为单一，发展后劲不足。如欣嘉园、生态城等新兴组团，以居住功能为主，缺乏产业基础，且生活配套与公交发展滞后，就业通勤距离较长，导致区域吸引力低，缺乏人气；2) 部分地区居住未按规划实施。双城之间的居住建设滞后，由于西片区原有规划居住与生活服务设施带尚未建设，就业人口居住需依托中心城区与塘沽解决，给津汉公路带来大量通勤交通压力；3) 居住与产业交叉现象依然突出。大港油田生活区与工业区存在交叉分布，随着石化项目逐步集聚，生活区宜居环境将受到一定影响。

居住用地能否健康发展，取决于居住用地布局相关问题能否得到有效解决。同时，居住用地规模能否满足居住人群需求，也是确保居住用地良好发展的关键。因此，应先确保保障性住房和普通商品住房土地供应，制定居住用地开发时序和开发计划，以"规划—定制—开发"的顺序为指导，有序开发，同时，加大中小套型普通商品住房土地供应力度。

(4) 社区管理保障

深入推进社会管理创新，是中央从战略高度做出的科学决策，对于维护重要战略机遇期社会稳定、促进经济社会持续快速发展具有十分重要的意义。社会管理归根结底是对人的管理与服务，管理的对象是人，管理的主体也是人。因此，有必要针对不同人群采取不同措施，多管齐下、多方联动，努力营造和谐稳定的社会环境。并针对特殊人群重点在"管"字上下功夫，争取做到管好、管住。充分发挥社区"兜底"作用，启动实施就业、教育、卫生、救助、扶残"五大爱心工程"，全面加大了对辖区残困低保等弱势群体的帮扶救助力。

社区管理组织形式应多样化，以街道党工委和办事处为主，其他政府职能机构的派出机构为辅。在此基础上，逐步实现网络化社区管理，促进社区管理创新。管理上实现社区服务中心、社区服务站的管理层次。在文化设施上，建设中心公园、老年公寓、青少年空间、图书室等，增进居民邻里间的了解，增强社区组织的掌控能力。以"党委领导、政府负责、社会协同、公众参与"为管理格局，提高社区管理的科学化水平，确保人民安居乐业、社会和谐稳定。

(5) 户型设计与施工建设要求

在中国社会结构转型、城市化进程加速及住宅建设可持续发展等宏观背景下，能否解决好"数量型需求向质量型需求"转化这一过程，是我国住宅建设能否健康、可持续发展的关键所在。因此，当前最重要的问题是促进和推广符合国家政策要求的中小户型设计方案，促进住房结构调整，提升住宅品质。

户型设计应明确住房特点，结合使用人群充分考虑住宅的舒适性、适用性、文化性和经济性。真正做到从人性化使用的角度出发，对功能设计不断深入研究，完善户型设计指导意见。探索预制式与部件式等新技术的应用，提高环保节能技术材料的应用，逐步形成标准化的精细加工。坚强实施监管，保证施工建设质量。

户型设计应遵循以下原则：1) 舒适性：居住舒适、功能合理是户型设计首先需要考虑的内容；2) 适用性：注重住宅的地域性和时代特征，考虑外来常住人口家庭结构的发展趋势，户型设计要适应多种住户的居住需求，根据具体需求户型进行相应调整；3) 文化性：户型方案的"精细设计"和"深度设计"，归根结底是住宅功能设计的提升。科学合理的户型设计成为低碳环保、邻里交往及建筑造型等建筑文化体现的载体；4) 经济性：房间避免大而不当，合理减小户内交通空间面积和公摊面积，在考虑建造经济性的同时考虑运营的经济性。

(6) 社区生态绿地的建设原则与措施

社区绿地不仅能满足城市绿化的外在形象与美观，同时也是城市生态系统的核心，绿地环境能有效协调社区居民与环境的关系。因此，社区绿化应贯彻生态优先准则，在项目规划和建设过程中考虑绿地的形式与布局，而不是在工程建设最后补漏和修饰。

在社区规划中应尽量保留原有的自然和人文景观，把社区建设对生态环境的干扰和破坏降到最低程度。并根据城市气候效应特征和居民生存环境质量要求，搞好社区绿化布局并进行社区绿地系统设计，提出社区绿地面积分配、品种配置、种群或群落类型方案。

同时，应运用先进的规划理念和技术手段改变原有社区生态绿地发展中的瓶颈，达到事半功倍的效果：1）提高社区内的绿地率；2）采用雨水利用和净水系统，尽量减少混凝土覆盖面积，采用自然排水系统，以利于雨水的渗透；3）通过空调系统、照明、白昼光利用、太阳能利用等途径节约能源；4）应用绿色消费科技和绿色生产科技，逐步改变能源结构，加速再生能源对化石能源的替代，应用水能、风能、生物能、太阳能等绿色能源。

（7）老年社区建设保障

中国已经逐步迈入老龄化社会，老年空巢问题也伴随而来。在当今社会，独生子女政策的弊病已开始显现，因子女在外地工作离家的空巢家庭比例占60%以上，老龄化问题成为社会关注的焦点。

因此，在住房建设规划中应结合社区医院、经适房、公租房以及大型社区的建设，将空置的经适房及部分公租房集中打造成为老年社区，不断完善老年服务设施以及成熟的社会民间组织的管理，探索介于社区居家养老服务与家庭自行养老之间的另一种养老模式。通过规模效应，集中配置生活、医疗、休闲、娱乐等服务老年人的设施资源，把居家养老、全护理养老院、老年医院的功能都融入到老年社区内，从而提高为老服务的专业化水平，提高居家养老的生活质量。

1）老年社区可以"置换"为核心，与以房（租）养老相结合。老人及其家属可以通过置换的方式，将现有的住房出售或出租，向政府换取老年社区住房的购买权或租赁权，使老人获得新的适居环境以及高质量的养老服务。这种房屋置换方式，可由政府搭建服务平台，既能降低老人养老成本，提高养老质量，同时政府还可获得"公租房"新的来源。

2）制定鼓励政策，促进老年社区发展。学习新加坡和日本等国的方法，通过制定一系列鼓励政策，推进老年社区的发展。

①将经适房和公租房优先提供给符合条件的与父母同住的已婚子女，并给予其一定优惠。如允许较长的偿还期、具有优先购买和租赁权等。

②设计和建造适合多代同堂的住房。兼顾年轻人需要独立生活空间，又方便家庭中的年轻人照顾老人，也可研发建造同居分住型、邻居合住型等"两代居"形态的亲子家庭住房，从而保障以家庭照顾为核心的养老服务事业的发展。

③鼓励子女与父母相邻而住。在（已婚）子女和父母分别申请经适房和公租房时，给予两家人住在隔壁或是同一栋楼的一定程度的便利。

滨海新区结合以上经验制定出了相应的老年社区保障策略。首先，适应新区老龄化需要，制定相应的住宅建设和供应政策，鼓励多代同居和互助，优化家庭居住模式，完善传统的家庭养老环境。其次，更新改造老旧住宅使之适应家庭结构变化和老年人心理变化产生的特殊需要。改进居住单元的组合形式、社区空间环境以及硬件设施，实现老年人可以终生依存的安定的生活环境。

（8）财政支持保障

在政府财政支持方面，一些国家为我们提供了宝贵的经验和教训。在美国，财政支持一方面主要是对购买自有住房实行税收减免。对使用抵押贷款购买公共住房的中等收入者，按照每月归还贷款的数额，核减一定比例的税款，并免缴财产增值税，以鼓励私人购房。二是住房租金补贴。家庭收入为居住地的中等收入80%以下者均可申请住房租金补贴，享受补贴的家庭拿出总收入的25%支付租金，其余由政府发放的住房券支付。在住房金融方面，由联邦全国抵押协会、政府全国抵押贷款协会和联邦住宅抵押协会为中低收入家庭提供购房贷款。同时，由政府出面对符合条件的中低收入家庭购房进行担保，如果居民无力偿还银行贷款，政府可为其安排廉租房，并将原来的住房出售，归还贷款，以避免银行出现贷款风险。

新加坡之所以在短短数十年内成功地解决了住房短缺的问题，并且完成了住房由量到质的提升，主要归功于新加坡以住房公积金制度和"居者有其屋"计划为两大支柱的福利型住房制度。新加坡住房保障制度：一是制定长远规划，政府出资建房。1960年成立了房屋发展局，专门负责住宅建设的计划安排、施工建设和使用管理。在其主持下，新加坡每5年制定一个建屋计划。为确保计划的顺利实施，新加坡政府除了专门拨出国有土地和适当征用私人土地以供房屋发展局建房之用外，还提供低息贷款形式，给予房屋发展局资金支持。二是实行住房公积金保障制度。允许动用公积金存款一部分作为购房的首期付款，不足部分由每月交纳的公积金分期支付。该规定只用于最低收入家庭，对解决住房筹资问题起到了决定性的作用。

滨海新区在借鉴国外经验的同时，通过发展产业使政府财政摆脱对土地收入的依赖，降低土地收入在政府财政中的份额，有效补充了政府财政。建立完善的公积金制度和税收制度。倡导住房理性消费，发挥存量房市场作用，促进普通商品住房的内部流转。政府将从商品住房市场尤其是高档商品住房中获得利润，如征收保障房基金、房地产税等，后将这部分利润用于保障性住房建设，实现"以房养房"。

保障性住房重点建设片区

为服务中等收入外来人口的住房需求，更好地吸引、留住产业发展所需技术、技能型人才，新区规划建设3个保障性住房重点建设区域，分别是滨海欣嘉园、中部新城北组团、中部新城南组团。

1. 滨海欣嘉园

滨海欣嘉园是新区范围内规划面积最大的保障房项目，也是首个面向滨海新区的定单式限价商品房项目。

（1）项目简介

滨海欣嘉园坐落于滨海新区核心片区，东临西中环快速路，南临京津高速，占地3平方公里，规划人口规模8万。欣嘉园毗邻由塘沽森林公园、北塘水库、黄港二库和黄港旅游度假区形成的生态走廊，周边优越的空气质量与生态环境提供了良好的居住条件。欣嘉园距离高新区、开发区西区、海洋高新区、开发区东区、北塘、天津港5～10公里，约20分钟车程，可有效为产业职工提供交通快捷的服务住房配套。

（2）规划布局

滨海欣嘉园总占地3平方公里，总建筑面积340万平方米，其中住宅约280万平方米，可保障约8万人的居住需求。

保障性住房重点建设片区分布图

滨海欣嘉园区位图

欣嘉园结合滨海轨道B1线站点，集中布局地区级公共中心，同时配建超市、商务办公、公寓、体育公园、中学等服务设施，最大限度地提高公共服务的服务范围。围绕公共中心，规划限价商品房、普通商品房等多种住宅产品，通过住房引入不同收入，不

与周边产业区交通联系

欣嘉园鸟瞰图

同职业,不同文化构成的居民,大大丰富了地区文化的多样化避免了人口同质化及可能带来的社会问题。同时,合理利用生态资源优势,引进"滨海一号"酒店、区委党校等项目,有效带动区域人气,提高地区就业岗位数量提升公共活力与地区的吸引力。

滨海欣嘉园一期占地约1平方公里,主要建设定单式限价商品房项目(基本建成),总建筑面积150万平方米,其中住宅135万平方米,公建面积15万平方米。项目容积率2.1,建筑密度15%,绿地率40%,建筑层数分别为11、18、24、26层,总户数约为1.4万户。

滨海欣嘉园定单式限价商品房项目规划总平面图

滨海欣嘉园定单式限价商品房项目鸟瞰图

整体空间布局上，采取中间高、四周低的庭院式布局方式，每个组团内部围绕组团中心绿地布置若干个院落单元。区域规划建设了三所幼儿园和两所小学。

项目先期开发建设的欣雅苑、欣中苑，总建筑面积约26万平方米，共建设34个楼座、2800余套房屋。建筑层数分别为18、24层，其中80～90平方米两室户型约占90%，120平方米三室户型约占10%。户型设计以两梯三户、两梯四户短板形式为主，所有户型均全明设计。保证每户均享有良好采光通风条件，力求做到布局合理、紧凑、规整，不浪费空间，地块中间建设千余平方米配套公建——欣嘉园购物中心，方便居民生活。

欣嘉园购物中心效果图

（3）规划创新

第一，特色公共交通。考虑到区域居民的购买力和出行习惯，预测居住区居民出行方式以公共交通出行方式为主，小汽车交通为辅。规划将滨海轨道 B1 线接引欣嘉园居住区，并在其公共中心内设立 B1 欣嘉园站，确保居住区产业职工可通过 B1 线换乘 Z2 线联系海洋高新区、滨海高新区、开发区西区、临空产业区等就业集中区域，提高区域的可达性

另外，由于欣嘉园紧邻西中环快速路，规划提出建立快速公交系统 BRT，完善区域公共交通体系，为居民提供多样化的出行选择；通过绿色交通，维护区域环境质量。

第二，完善配套建设。为避免出现住宅与配套建设不同步，入住吸引力大打折扣的情况，滨海欣嘉园的规划建设体现"配套先行"理念，在住房建设的同时，同步推动滨海直属中学、天津开放大学滨海学院、第一老年养护院、疾控中心等一批民心工程的引进，力争快速带动区域人气，吸引产业职工人群入住。同时，在欣嘉园一期建设过程中，托幼、小学、公交站、超市等配套设施项目与住房建设同步实施、同步完成，保证了近期已入住居民的使用需求。

第三，体现职住平衡。欣嘉园内规划大型超市、配套公建、教育设施、酒店、养老院、医疗机构等大众类型的公共设施，形成了功能混合的大型社区。社区功能的复合化在为地区带来活力的同时，也给居民就近工作、建立低碳生活区提供了可能。

2. 中部新城北组团（和谐新城）

（1）中部新城简介

合理规划利用盐田、科学储备空间资源，对于实现滨海新区未来长远发展具有战略意义。

滨海新区盐田主要包括塘沽盐场和汉沽盐场，其面积广阔，主要用于盐场晒盐。《滨海新区盐田利用和中部新城规划》经过三年多的研究论证，经 2011 年第 72 次市政府常

务会审议通过。在盐田利用规划方案中，塘沽盐场远期全部利用，采取"一次规划、分步实施"的策略，将盐田纳入城镇建设用地，建设滨海新区中部新城，为滨海新区核心区提供充足的居住空间。

在中部新城规划中，中部新城定位为利用塘沽盐田建设的生态宜居新城区，位于滨海新区塘沽、大港城区之间，北接滨海新区核心区，南接大港城区，东临临港经济区，规划面积175平方公里。中部新城以津晋高速和津港快速延长线为界，分为三个组团：津晋高速以北区域纳入滨海新区核心区，为北部组团；津港快速延长线以南区域纳入大港城区，为南部组团；津港快速延长线与津晋高速之间区域，为中部组团。

中部新城北组团（又名和谐新城）规划面积52平方公里，为临港经济区配套；中部新城南组团规划面积45平方公里，为轻纺经济区、南港工业区配套；中部组团近期保留约70平方公里盐田，顺延官港公园的生态景观资源，形成城市边缘休闲生活组团，并同时用于新泉淡化厂浓盐水制盐。

中部新城总体规划

（2）项目简介

中部新城北组团（和谐新城），位于滨海新区核心区，与中心商务区、临港经济区、西部生态城区接壤。总用地规模52平方公里，可建设用地44平方公里，总建筑面积3200万平方米，是由多个居住组团组成的大型综合型新城。

中部新城北组团规划人口约54万人，其中就业人口30万。根据预测，在30万就业人口中，约20万在临港经济区和中心商务区就业，10万人在中部新城北组团就业。

中部新城北组团主要是为临港经济区、中心商务区就业人口提供以定单式限价商品房、蓝白领公寓、普通商品房为主的居住服务，通过高品质的环境质量、多样化的住房选择和富于设计感的品质社区，让在和谐新城居住的居民生活放心、舒心。

中部新城北组团鸟瞰图

（3）规划布局

中部新城北组团城市设计方案

中部新城北组团采用"精明增长"的规划理念，遵循上位总体城市规划，通过生态廊道控制城市发展规模，引入产业引擎提供就业，提升土地价值带动社区发展，实现城市组团的职住平衡与均衡发展。

中部新城北组团的总体布局为"一心、两带、六社区"。其中，"一心"是指中心湖生态景观核心。"两带"主要指服务带：一带是围绕中心湖，形成的以轨道交通连接的城市公共服务带；另一带是串联六社区的由电车交通连接的生活服务带。"六社区"则是指围绕城市公共中心的六个综合社区，"一心"为居民们提供优美舒适的环境景观，"两带"结合绿色低碳的交通方式，大大提升生活服务的可达性、普惠性，"六社区"则以适宜的尺度为综合集聚的居住生活提供了空间载体。

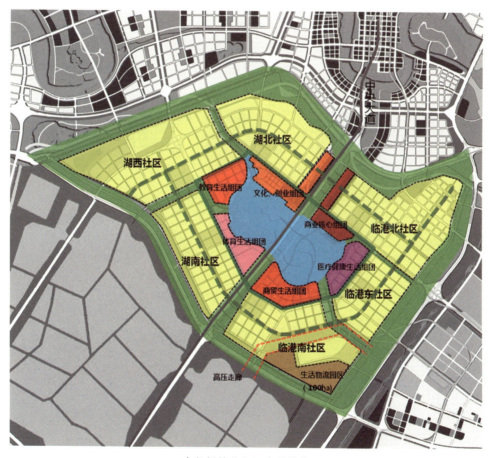

中部新城北组团布局结构

中部新城北组团以 TOD 模式指导规划建设，沿湖准快速环线规划形成轨道环，轨道站点结合城市公共服务设施和各社区中心设置。设置 BRT 环线实现接驳轨道站，站点服务半径 500 米，形成公交全覆盖，体现低碳交通理念，减少了出行成本为居住在新城的中等收入人群提供良好交通出行保障。

(4) 规划创新

中部新城北组团在规划建设方面实现两个创新。

第一，借助不同住房产品打造多元化社区。居住总用地1524公顷，总建筑面积2000万平方米，其中沿湖主题社区建设精品住宅1万套，六大生活社区建设定单式限价商品房及普通商品住宅18.3万套。多元化的住房类型为不同收入的人群提供了多种选择，房型、面积、价位的多样化满足不同生活阶段的居住需求。保障性住房与普通商品住宅在空间上的混合，有效避免低收入聚集区的形成为促进人口融合、避免居住均质化、提供健康和谐的生活环境发挥重要作用。

第二，为中低收入人群打造生活便捷、环境优美的居住空间。在生活与配套系统上，创新建设"城市组团—社区—邻里—街坊"4级管理结构。围绕湖区打造1个组团公共服务核心，设置6个社区中心（含街道办、中小学、社区医疗、社区养老、商业、公园等）、设置54个邻里中心（含居委会、社区服务站、生鲜超市、幼儿园、邻里公园等，服务半径500米）、每2000～2500人设置街坊（含业主委员会、物业管理等）。

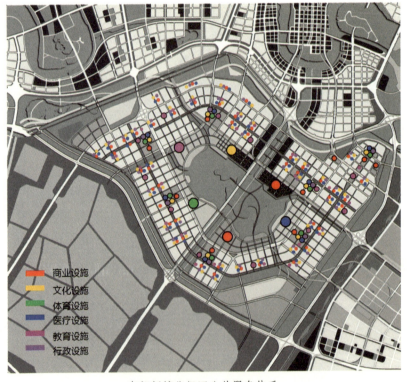

中部新城北组团公共服务体系

其中社区级配套设施结合轨道及有轨电车设置，服务半径1公里；邻里级配套设施结合有轨电车，站点服务半径500米。另外，依托中心湖与生态廊道、多功能绿带、邻里绿地以及官港森林公园，打造"51310"的绿化景观体系，从生活配套与绿化环境全面保障、提升中低收入人群的居住生活质量。

中部新城北组团景观体系分布图

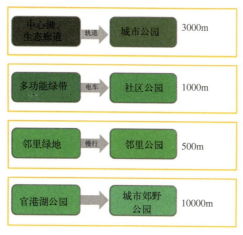

中部新城北组团绿化景观体系图

(5) 创新案例：临港示范社区修建性详细规划

临港示范社区规划针对居住区规划建设中普遍存在的大院式开发、配套设施分散、杂乱停车、忽视街道空间等共性问题，秉承为中等收入人群设计高品质保障性住房、打造宜居乐居生活环境理念，以滨海新区临港示范社区为例开展的居住区规划探索。

1）项目简介

临港示范社区位于滨海新区核心区东部、和谐新城的临港北社区内，距于家堡5公里、临港经济区2公里、天津港4公里，同时也位于中部新城北组团（和谐新城）六大居住社区东北侧的临港北社区。临港示范社区用地规模104公顷，总建筑面积109万平方米。其中，住宅建筑面积83万平方米，公建建筑面积26万平方米。总容积率1.0，人口规模约3万人。

临港示范社区区位图

临港示范社区效果图

规划篇

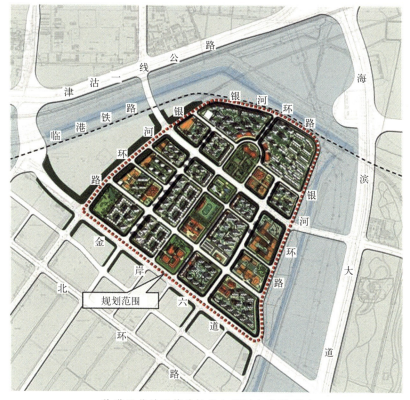

临港示范社区修建性详细规划方案平面图

2）规划创新

滨海新区保障性住房的建设理念始终秉持以人为本，坚决打破传统概念中"保障性住房＝质量不好的住房"的思维习惯，结合人口空间需求特点，从规划设计方面提出多方面创新，探索营造美好保障房家园之路。临港示范社区规划分别从以下几方面提出设计的创新点。

①窄街廊、密路网

规划结合用地功能将街廊尺度控制在130~200m之间的步行尺度。同时设置风雨廊连接公交站点、邻里中心、社区公园及体育公园，方便居民徒步出行。

临港示范社区街廊尺度示意

81

另外，在社区公园、体育公园及学校周边，设置慢跑步道，与风雨廊衔接。倡导人车分流的交通组织方式，在街边绿地预留有轨电车线位，极大提升公共出行比例。

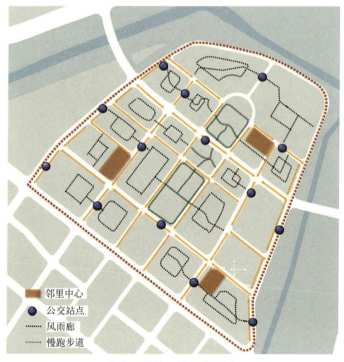

临港示范社区风雨廊设置

临港示范社区交通组织方式示意

②产品类型多样化

临港示范社区主要服务满足临港经济区、中心商务区和天津港的居住需求。在这些地方工作的人群既有从事装备制造、航运物流的产业工人,也有从事金融服务的白领。统筹考虑职业多元化的特点,在住房产品的选择方面,提倡住房类型的多样化,使不同收入人群的过渡性居住需求、婚房需求、改善型需求、享受型需求都可以得到满足;同时在空间布局上应用大混居、小聚居的分布模式,避免大面积保障房地区造成的空间分异与社会隔离感。

住房类型与服务人群类型

住宅产品类型	适宜人群	收入分类
定单式限价房	企事业单位职工	中低收入
商品房	普通人群	中高收入
老年公寓	周边退休老人及随迁老人	中低收入
公租房	外来蓝白领	中低收入

临港示范社区住房类型分布与服务人群示意

③创新配套设施建设模式

打造多层级配套设施体系。层级一:按每10万人配置社区服务中心一处,服务整个社区;层级二:按每1万人配置邻里中心一处,服务周边邻里;层级三:按每2000～3000人配置会所一处,服务街坊居民。分级的配套设施体系层次清晰、分工明确。其中社区服务中心、邻里中心位置适宜,项目齐全,独立占地(由政府统一建设),有效解决了规划中确定的配套设施在开发建设过程中缺失或分布零散的问题。

层级一主要指社区服务中心，包含街道办事处、社区公园、体育公园和图书馆。其中，街道办事处集行政服务、医疗服务等多种功能于一体，主要功能包括办事大厅、大医院门诊、活动中心、信访中心、其他（会议、教育等），占地规模6700m^2。社区公园结合街道办事处配置，占地规模19700m^2。另外，还在社区服务中心设置体育公园、图书馆；体育公园占地10300m^2，其中在内部设置图书馆，建筑面积1000 m^2。

临港示范社区创新配套设施模式

社区服务中心鸟瞰图

层级二主要指邻里中心，包括社区服务站、幼儿园、生鲜超市、小区公园。邻里中心集中设置配套设施，加强了设施联系的紧密性，提高设施的使用频率，使居民生活更便捷。小区公园设于街角，既提高可达性，又提供多种功能的空间场所（如锻炼、观景、集会、聚餐等）；同时，小区公园结合幼儿园布置，可为幼儿园提供绿色清新的活动场地。

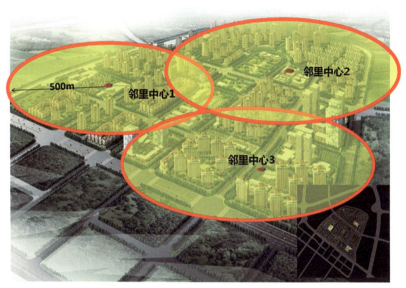

临港示范社区邻里中心布局与服务范围示意

邻里中心配建内容与建设规模

配建内容	主要功能	建筑面积（m²）	占地面积（m²）
社区服务站	居委会	600	2000
	社区卫生站	200	
	其他	1200	
幼儿园	—	3000	≥2500
小区公园	—	—	≥1000
生鲜超市（结合建设废品回收设施、垃圾转运设施）	—	800	1000
专用停车场	—	—	≥200
公厕	—	30	—

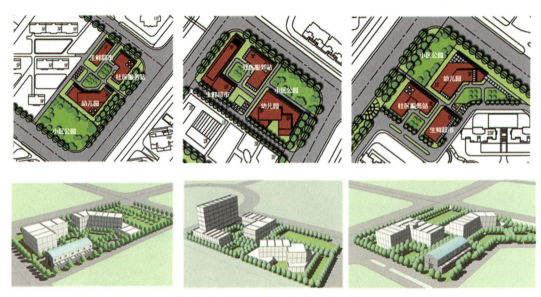

临港示范社区邻里中心概念设计示意图

层级三主要是街坊会所，包括便利店、文体活动室和会客厅。每个街坊配置会所一处，为街坊居民提供便利店、室内文体活动室、会客厅等便民设施（功能可根据居民实际情况进行调整）。

④塑造城市空间品质

规划通过打造社区公园—体育公园—小区公园的三级公园绿地系统，打造商业性街道—生活性街道—交通性街道的三类街道空间，为保障性住房社区塑造了良好的空间品质。

3. 中部新城南组团

（1）片区简介

轻纺新城位于大港港东新城东侧的中部新城南组团内，主要为轻纺工业园及南港工业区、大港油田以及天津石化公司等就业人口提供生活配套服务。轻纺新城的南起步区内于大港港东新城南侧，轻纺工业园北侧，是轻纺工业园及南港工业区配套的生态宜居新城。中部新城南组团是服务轻纺经济区、临港经济区等滨海新区南片区的综合

轻纺新城与轻纺新城南起步区区位

性组团。其中轻纺新城的南起步区是新区南部重要的保障性住房社区。

轻纺新城南起步区鸟瞰图

（2）规划布局

轻纺新城南起步区东至纺六路，南至轻纺大道，西至海景大道，北至规划次干路一，规划用地面积365.5公顷，规划总人口5.83万，其中南起步区居住用地117公顷，居住建筑面积175万平方米，容积率1.5，提供约50万平方米定单式限价商品房。

轻纺新城南起步区城市设计方案

（3）规划创新

规划注重中等收入人群的生活品质，强调土地混合利用，通过商业轴带串联多个居住组团，全力打造活力包容、多元的综合新城。

建设篇

住房问题关系国计民生。推进保障性住房建设,有效解决社会各收入阶层的住房问题,既惠民生、顺民意,又有利于扩内需、促发展、调结构,是实现社会公平、维护社会稳定、构建和谐社会的重要内容,是一举多得的重大民生工程。滨海新区将保障性住房建设作为每年政府民心工程的首要任务,不断加大投入,加快各类保障性住房建设,充分发挥了保障性住房的社会效能。新区须继续推进保障性住房建设,把这项民心工程做好、做到位。

在建设面向户籍人口的公共租赁住房、限价商品住房(经济适用住房),全面惠及新区住房困难人群的同时,针对新区特点,建设蓝白领公寓、定单式限价商品住房,满足了外来务工人员的住房需求。三年来新区开工建设各类保障性住房约744万平方米、合计8.99万套。其中,蓝白领公寓4.44万套,定单式限价商品住房1.18万套,限价商品住房0.48万套,经济适用住房2.89万套。目前,基本建成5.37万套(含竣工2.14万套),在建3.62万套。根据统计,新区三年来建设的各类保障性住房可满足新区40余万人口的住房需求,其中蓝白领公寓可保障30余万人,定单式限价商品住房可保障3.1万人,限价商品住房可保障1.3万人,经济适用住房可保障7.6万人。

本篇通过图文并茂的方式,介绍滨海新区部分蓝白领公寓、定单式限价商品住房、限价商品住房(经济适用住房)项目建设的情况。

保障性住房项目一览表（含2013年计划建设项目）

类型	项目名称	建筑面积（m²）	套数
公租房	福瑞家园	105105	1164
	轻纺蓝领公寓一期项目	25000	349
	瑞达公寓	227030	3314
	天保建设白领公寓	140000	1670
	天渤公寓（西区）	71200	848
	中心渔港蓝领公寓一期	22300	330
	天富公寓	99600	1620
	天保控股白领公寓项目	75542	776
	北区公寓	20000	194
	海泰创新基地项目	8834	159
	瑞欣公寓	56105	1190
	天滨公寓	133573	1859
	青年公寓	115000	2068
	天润公寓	73300	960
	天泽公寓	28000	348
	汉沽公租房	25995	432
	开发区大火箭项目	45630	947
	滨海旅游区畅园	90000	1069
	东疆港区蓝领公寓	23000	383
	汉沽现代产业园公寓	57376	728
	临港工业区蓝领公寓	85000	1711
	轻纺经济区蓝领公寓	70000	1121
	中心渔港蓝领公寓	87960	360
	科大公租房	145732	1240
	富士康蓝白领公寓	442083	7653
	福光公寓	120000	1926
	生态城公寓	180692	1885
	中海油蓝白领公寓	23022	481
	北塘经济区白领公寓	42895	814
	大港油田公租房	43043	472
	高新区蓝白领公寓二期	11000	184

续表

类型	项目名称	建筑面积（m²）	套数
公租房	保税区金发职工公寓	75875	1515
	高新区蓝领公寓一期	60600	931
	生态城建设公寓	134230	2080
	旅游区白领公寓	60000	588
	临港经济区蓝领公寓二期	55087	1051
经适房	石化经适房	36000	394
	太平镇项目	138700	1183
	大港油田项目	620000	7500
	大港油田阳光家园	600000	5164
	小王庄项目	456889	5078
	中塘示范镇	393900	4347
	太平示范镇	138781	1553
	武警消防总队项目	34747	305
	塘沽西部新城安置房	403830	3438
政府公屋	福瑞家园	105105	1164
限价房	福升园项目	54523	536
	港东新城	107822	1148
	汉沽葆芳苑	73000	935
	生态城公屋	135399	1708
定单房	滨海欣嘉园	256838	2850
	大港油田	150000	1300
	滨湖城项目	165191	1509
	塘汉路西侧	400000	1693
	塘沽工农村项目	26000	290
	中和苑	62742	526
	海晶建设公司项目	57120	630
	星湾苑	22790	240
	莹波苑	29000	306
	佳宁苑	32835	288
	裕安苑	17600	271
	观潮苑	24885	246

公共租赁住房

天津科技大学公租房

科技大学公租房位于开发区第十三大街,建筑面积14.5万平方米,共建设1240套,用于解决学校教职员工的住房问题。

区位图

建设篇

鸟瞰图

实景图

安居滨海
——天津市滨海新区保障性住房改革成果汇编 2010-2013

效果图

蓝白领公寓

1. 中心渔港蓝领公寓一期

中心渔港蓝领公寓位于南环路与悦海南道交口,建筑面积2.2万平方米,共建设330套,2011年3月开工,用于解决驻中心渔港企业职工的住房问题。

区位图

安居滨海
——天津市滨海新区保障性住房改革成果汇编 2010-2013

鸟瞰图

实景图

效果图

2. 临港经济区蓝领公寓

临港经济区蓝领公寓位于区内渤海28路，建筑面积8.5万平方米，共建设1711套，2011年10月开工。规划形成南北两区，北区为院落式布局，南区为单元式公寓，集中设置公共服务中心，中部预留绿色景观通廊。

区位图

鸟瞰图

实景图

效果图

3. 旅游区畅景公寓

旅游区畅景公寓位于旅游区安正路，建筑面积 8.3 万平方米，共建设 1069 套，2011 年 6 月开工。规划平面采用院落式布局，营造出具有归属感的居住空间，同时设置生态光庭，考虑晒衣位置，注重室内私密空间的划分。

区位图

总平面图

实景图

效果图

4. 轻纺经济区公寓

轻纺经济区公寓位于上高路、海景大道间,建筑面积7万平方米,共建设1121套,2011年10月开工。规划布局集中配置行政服务中心、综合商业、公共绿地以及运动广场。

区位图

建设篇

总平面图

实景图

效果图

5. 开发西区富士康公寓

开发西区富士康公寓位于开发西区中北组团,建筑面积44万平方米,共建设7653套,2011年7月开工,是富士康项目建成投产前的必要的配套保障。

区位图

建设篇

鸟瞰图

实景图

室内实景图

效果图

6. 高新区蓝白领公寓一期

滨海科技园位于高新区规划环路与创新大道交口，建筑面积6.1万平方米，共建设931套，2011年12月开工。项目北侧紧邻商业用地，生活配套设施齐全。

区位图

鸟瞰图

实景图

效果图

7. 福光公寓

福光公寓位于空港中环东路与东十道交口，建筑面积12万平方米，共建设1926套，2011年1月开工，主要服务于福光工业园。

建设篇

区位图

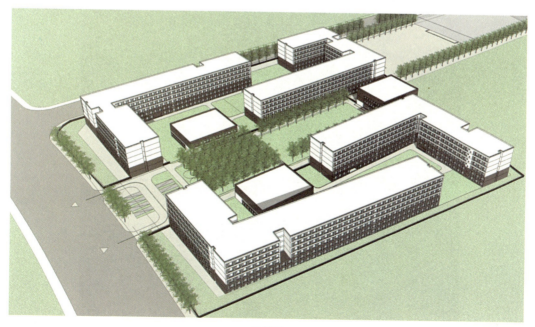

鸟瞰图

107

实景图

效果图

8. 北塘嘉庭公寓

该项目位于北塘经济区天池路与荆州道交口,建筑面积4.3万平方米,共建设472套,2012年开工建设。该项目共由十座单体组成,以成套方式出租给驻区企业白领职工。

区位图

建设篇

鸟瞰图

实景图

效果图

经济适用住房

新区经济适用住房多集中在汉沽和大港,主要面向户籍居民及驻区企业职工家庭拆迁还迁。

大港油田经适房

大港油田经适房二期位于大港油田开发道与幸福路交口,建筑面积62万平方米,共建设7500套,2011年11月开工。房屋定向销售给大港油田基地住宅搬迁的职工家庭。

区位图

建设篇

鸟瞰图

效果图

实景图（一）

111

实景图（二）

政府公屋

开发区公屋

天津开发区福瑞家园位于第二大街以北,东海路以西,包括3栋18层住宅、4栋23层住宅及1个社区服务中心,可提供一千余套公寓,小区绿化率为38.5%。政府公屋的室内采取精装修,主要用于开发区企业员工家庭购买商品房之前的过渡用房。公屋共有4种户型,建筑面积从61平方米至79平方米不等。

区位图

依据《天津经济技术开发区政府公屋管理暂行办法》,开发区政府公屋实行"轮候租赁、有限租期、契约管理、只租不售"的运营管理模式。政府公屋的出租对象为开发区内注册经营的制造业、现代服务业以及高新技术企业和研发机构,不对个人出租。政府公屋租用周期为3年,同一承租。

实景图

限价商品住房

1. 塘沽福升园一期

塘沽福升园一期位于塘沽新河五车地，建筑面积5.5万平方米，共建设536套。2010年1月动工，2012年6月竣工。其中住宅面积44600平方米，配套公建面积1900平方米，地下面积8500平方米。单户面积控制在90平方米以下，并分为50平方米、70平方米及90平方米3种户型面积。

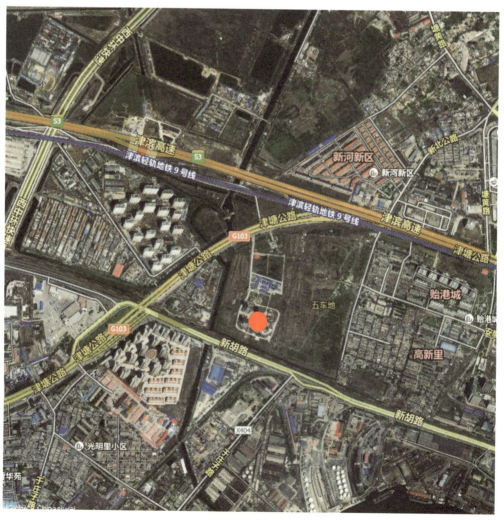

区位图

鸟瞰图

实景图

建设篇

效果图

2. 港东新城福居园

港东新城福居园位于大港汉港快速路旁,建筑面积10.8万平方米,共建设1148套,2011年8月开工。

区位图

鸟瞰图

建设篇

实景图

效果图

3. 汉沽葆芳苑

汉沽葆芳苑位于汉沽规划三经路延长线以东，建筑面积7.3万平方米，共建设935套，2011年8月开工。

区位图

鸟瞰图

建设篇

实景图

效果图

定单式限价商品住房

1. 万科空港新里程

万科空港新里程一期位于空港东七道、景和路交口,建筑面积 14.6 万平方米,共建设 1240 套,2009 年 9 月开工。面向空港内优质企业员工发售,精装修。

区位图

建设篇

鸟瞰图

实景图

效果图

2. 名居花园

名居花园位于空港中心大道，建筑面积 16.5 万平方米，共建设 1494 套，2009 年 10 月开工。面向空港内企业员工发售，精装修。

区位图

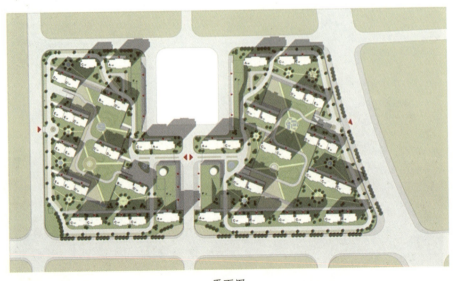

平面图

建设篇

实景图

效果图

3. 滨海欣嘉园

滨海欣嘉园位于黄港休闲区内，建筑面积150万平方米，共建设10076套，由九个地块组成，分期开发建设，周边配套设施齐全。

区位图

室外实景图（一）

建设篇

室外实景图（二）

室内实景图（一）

室内实景图（二）

4. 中部新城——佳宁苑

佳宁苑位于金岸二道北，银河四路以西，2011年开工建设，建筑面积3.3万平方米，共建设288套。设计车库平台，平台上为绿化和公共活动空间，户型以两室为主，少量三室和一室，满足不同需求。

建设篇

区位图

鸟瞰图

现场施工图

5. 中部新城—观潮苑

观潮苑位于临港社区银河二路以西，建筑面积 2.5 万平方米，共建设 246 套，2011 年开工建设。沿街住宅底层为商业，户型设计充分考虑了各类型需求。

区位图

建设篇

鸟瞰图

效果图

基础篇

　　保障性住房是民心工程，涉及面广，社会各界广泛关注，新区各级政府也针对保障性住房做了大量基础调研工作。调研内容分三部分。

　　一是跟踪调研。新区政协调研组连续两年跟踪调研，通过召开座谈会，分别听取政协委员、居民群众、有关部门、功能区和管委会负责同志对保障性住房建设的评价和意见，总结归纳提出新区保障性住房建设管理建议。

　　二是开展需求调查。2011年新区规国局分别开展了公共租赁房、限价商品住房、定单式限价商品住房需求调查，同时开展了廉租住房租房补贴、经济租赁住房租房补贴调查，为建设具有新区科学普惠的多层次保障性住房体系，提供数据支持。

　　三是借鉴先进经验。2012年2月，新区规国局有关人员赴日本、新加坡及我国香港进行了为期12天的保障性住房考察。期间与日本东京都住宅供给公社管理部门、新加坡建屋发展局首席规划师陈桂珍以及我国香港地区房屋署屋村事务经理炳泉先生进行了座谈，并参观了相关保障性住房项目，了解到日本解决住房问题主要做法为制定法规和优惠政策，鼓励私人兴建和购置住宅，设置专门机构公司建设保障性住房，注重质量与品质；新加坡在解决住房问题上有完备的公积金住房制度和保障性住房优惠政策，建屋发展局是负责机构，按收入确定保障人群，我国香港有优惠的保障性住房政策和专门的管理机构等情况。

　　本篇整理收录了社会各界对滨海新区保障性住房的评价、建议以及相关调研报告，供读者研究参考。

新区政协关于保障性住房建设情况跟踪调研的报告

(区政协专题调研组　津滨协〔2011〕12号)

2011年6月以来，区政协组成了由胜和、志刚副主席牵头，人资环城建委等委员和政协机关有关人员参加的专题调研组，围绕保障性住房建设进展情况、社会关注的重点问题、建设改革面临的主要困难和问题及对策进行跟踪调研。调研组先后深入到开发区、临港经济区、轻纺经济区、滨海高新区、滨海欣嘉园和塘沽、汉沽、大港管委会，实地考察了保障性住房工程建设及进度情况，召开了6个有部分政协委员、居民群众、有关部门、功能区和管委会负责同志参加的专题座谈会，听取对保障性住房建设的评价和意见建议。

专题调研组认为，两年来，在区委、区政府的高度重视和坚强领导下，滨海新区保障性住房建设与改革，取得重要进展和阶段性成果，令人鼓舞和振奋；下一步落实国务院和市委、市政府部署要求的压力依然很大，需要继续努力拼搏，克难而上，把这项关乎民生的重大工程建设好经营好，向全区人民交上一份满意的答卷。

一、保障性住房建设取得重要突破和阶段性成果

1. 改革不断深化，政策体系基本建立。

2010年6月，区政府颁布实施了《天津市滨海新区保障性住房建设与管理暂行规定》，全面拉开了滨海新区保障性住房建设与改革的帷幕。随后，区政府又制定了《滨海新区保障性住房建设与管理实施细则》，对保障性住房的申报、受理、审核等做出具体明确的规定。2010年底，区政府编制了"十二五"期间保障性住房规划目标，2011年7～8月，区委、区政府审议通过了《关于滨海新区深化保障性住房制度改革的实施方案》和《滨海新区订单式商品住房建设与管理办法（试行）》、《滨海新区蓝白领公寓管理办法（试行）》等2个附件，进一步明确了保障性住房建设与改革的总体目标、保障方式、主要措施及具体运作方式和程序，形成了一套符合中央政策、具有滨海特色、支持开发开放、促进和谐稳定的滨海新区保障性住房建设改革的体制机制，为保障性住房建设健康可持续发展奠定了坚实基础。

2. 建设快速推进，部分住房已备入住。

滨海新区保障性住房建设速度之快、质量之好、房型之美、规模之大，超出预期。从选址、规划设计、开工建设，到一批批保障性住房竣工验收，具备入住条件，体现了党委、政府的办事效率和取信于民理念。开发区通过联合申报审批，7个月完成建筑面积10万

平方米的天富蓝白灰领公寓,9000 人的容纳量已入住 80% 以上,为富士康的发展壮大提供了强力支持。据统计,2010 年以来(截至 9 月上旬),滨海新区已开工建设的保障性住房面积 539.8 万平方米,住宅数超过 5 万套,开工率占规划建设总面积的 79.4% 以上,约有 20% 左右的住宅具备配租、出让、购置、居住条件,一批符合政策条件的居民和职工群众已经开始办理入住手续或居住,"居者有其屋"的美好愿望即将成为现实,区委、区政府正在完成一项体民情、顺民意、暖民心的重大工程。

3. 规划彰显特色,滨海模式初见端倪。

塘沽五车地限价商品房,选址好、房型好,居民群众争相购买,供不应求;轻纺城蓝白领公寓,整洁、宽敞、明亮,方便员工工作生活;开发区天富蓝白灰领公寓的人性化设计规划建设,国内领先,各方关注。专题调研组的委员们对滨海欣嘉园的保障性住房规划建设给予高度评价。面对数十万平方米拔地而起的限价商品房和住宅区,大家一致认为,这是滨海新区乃至全市开发规模最大、建设进度最快、居住环境最美、房型最受欢迎、开发建设最成功的片区,对推动保障性住房建设具有很好的示范和引领作用。与此同时,在区规国局和保障性住房管理中心的监督指导下,十几块片区的保障性住房正在有条不紊地规划建设,公共租赁住房、限价商品房两种保障性住房,蓝白领公寓、订单式限价商品房两种政策性住房,争奇斗艳,各具特色,凸显出滨海模式和魅力,为滨海新区城市建设与发展描绘了一道亮丽的风景线。

4. 管理不断完善,服务体系逐步健全。

经过两年的不懈努力,滨海新区保障性住房管理服务工作取得长足进步,建立起诸如网络申报、网络跟踪、网络公示的申报监督体系,建设情况公开、建设进度公开、审批过程公开的信息发布体系,订单式商品住房政策全方位宣传、企业需求情况全方位摸底、建设速度和质量全方位跟踪的调查体系。区规国局和保障性住房管理中心,认真履行管理指导、协调服务职能,在规划设计、土地收购、工程进度、建设质量、管理服务等方面,做了大量卓有成效的工作,形成了一套条目清晰、内容完整、要求明确、保障有力的管理方式、管理程序和服务体系,为实现保障性住房的优化管理探索了新方法,闯出了一条新路子。

二、保障性住房建设面临压力和挑战

1. 建设资金筹措尚紧,部分工程面临缺口。

保障性住房建设虽然得到国家政策方面的认可与支持,但由于其建设规模庞大,包括滨海新区在内的各地区,建设资金都相对吃紧,在金融体系支持经济建设的同时,保障性住房建设必然与其形成竞争之势。因此,建设资金紧缺的状况,短时间内无法改变。据统计,滨海新区保障性住房建设,除科大教师公寓项目外的 4 个公共租赁住房项目,总计 13 万平方米，都存在资金问题。同时，我们发现，保障性住房建设存在着资金来源较为单一、已投入建设资金回笼抽身慢的问题，资金使用效率较低。新区政府决定利用 2010 年到 2012 年两年的土地净收益 10% 资金建设公共租赁住房，预计可归集资金 3 亿元，不足部分 5 亿元拟申请公积金贷款，仍然需要市政府及市国土管理局的支持。限价商品房、蓝白领公寓、订单式商品住房都面临着建设资金紧张的局面。

2. 土地购置面临困难，部分工程受到制约。

由于土地购置、转让、置换、变性手续审批的严肃性和复杂性，导致了包括限价商品房、蓝白领公寓用地性质问题在内的政策不确定性，影响到部分项目前期手续办理。例如中心渔港蓝领公寓项目土地变性手续拖延，大港农场、散货物流项目用地仍在办理征用转用手续。汉沽管委会由于土地出让滞纳金缴纳问题尚未解决，保障性住房建设进度受到影响。据了解，今年滨海新区 300 平方米的保障性住房建设任务，8 月底前，开工率一度由于上述因素明显滞后，不足 40%，市政府下达的 11 月份全部开工建设的受迫性硬指标面临严峻考验。

3. 利益关系初始博弈，政策宣传需持一贯。

由于公共租赁房、限价商品房在保障性住房建设中，所占比重明显小于订单式商品住房和蓝白领公寓，故使一些原住民中的中低收入群众误认为政府不关注原住民的利益，外来人口侵占了自身利益，由此对党和政府的相关政策产生怀疑。与此同时，公共租赁房与蓝白领公寓，限价商品房与商品房，地方利益与中央大政，房地产开发与二、三线城市限购令，也将对保障性住房、商品房的开发建设、出售购买及各方面利益关系和价值取向带来影响，需要认真持续开展政策宣传，深入研究应对举措，努力消除误解误判，减少人为因素对保障性住房建设改革和开发开放造成的影响。

4. 配套设施尚有漏洞，宜居环境关乎成败。

在调研中我们发现，有的保障性住房建设项目存在着建得起房配不起套的苗头和趋向，这将直接影响到建设竣工后的房屋购买率和入住率。大港港东新城 10.8 万平方米保障性住房建设项目已近开工，但周边环境较差，市政基础设施和教育、卫生商业、文化等基础设施尚未规划建设，竣工后有可能达不到按期入住和正常生活的条件。滨海欣嘉园也面临着幼儿园、小学、社区卫生院、道路交通等园区公共配套设施的具体落实问题。有的片区在规划建设中也同样存在上述问题，走一步看一步，"车到山前必有路"。上述情况应予引起相关部门的高度重视。

三、加快保障性住房建设的对策和建议

1. 充分利用国家扶持政策，加大资金融贷力度。

滨海新区要抓住国务院加大保障性住房建设的有利契机，大胆创新，建立灵活多样

的金融供给方式，在资金融、贷、筹上闯出一条新路。一是抓住中国银监会鼓励银行信贷支持保障性住房建设的契机，最大限度地从相关银行获取专项资金贷款；二是利用住房公积金贷款，支持保障性住房建设；三是建立专业公司融资平台，通过建立掌握在政府手中的股份公司或国有独资公司的形式筹措资金，通过发行保障性住房建设公债等形式，广泛吸引民间资本，解决建设资金缺口问题。

2. 积极探索土地运作方式，加快开工建设速度。

充分发挥土地资源的特殊优势，在土地运作方式上有所创新和突破，为保障性住房建设提供支持。一要在土地使用政策上寻求突破，为土地变性、征用、置换、转让提供保障；二要在土地申报手续上实现创新，删繁就简，减少中间环节，集中审批，联合审批，缩短审批时限，为快捷迅速进入开发建设提供绿色通道；三要在土地管理上做好文章，重视土地储备和整理，按照规划有计划地超前储备土地，使现有的土地资源掌握在政府手里，最大限度地发挥土地资源的优势，为全面完成滨海新区保障性住房建设任务提供保证。

3. 合理调节各方利益关系，维护社会和谐稳定。

重视研究原住民、边缘户等中低收入群体利益需求和利益保障问题，参照广东省中山市放宽家庭人均年收入门槛的做法，制定优惠政策，缓解购房压力。重视研究滨海欣嘉园等限价商品住房存在的销售不畅、资金占压的问题，放宽员工购买条件，实现保障性住房建设与销售的良性循环。重视蓝白领公寓和定单式限价商品房的建设，为驻区企业招揽人才、加快发展提供保证。重视研究房地产行业进入调整期和楼市下调趋势对保障性住房建设带来的影响，坚持从滨海新区的实际出发，合理确定2012年建设目标任务。通过不懈努力，形成以公共租赁住房、限价商品房为基础，以蓝白领公寓为重点，以定单式限价商品房为特色的保障性住房开发建设模式，体现党和政府对中低收入居民家庭安居利益的关心呵护，展现滨海新区开发开放改革发展的时代形象。

4. 高度重视基础设施建设，提供良好居住环境。

一要坚持典型示范引领，总结推广塘沽五车地规划建设保障中低收入家庭需求的限价商品房，开发区通过联合申报审批，7个月建成天富蓝白灰领公寓，滨海欣嘉园组团化、大型化、规模化建设限价商品房和定单式商品房的经验做法。二要坚持边建设边配套，实现基础设施建设与住房同步建设，同步竣工投入使用，避免两张皮，影响后期运作。三要坚持公共服务标准，搞好教育、医疗卫生、出行、商贸和生态绿化、体育休闲等公共服务，帮助入住居民享受高品质的社区服务，增强人气集聚，为居民群众创造一个温馨舒适的居住环境，把党和政府的关怀送到千家万户。

新区政协关于蓝白领公寓建设和管理情况的调查与建议

(区政协专题调研组)

滨海新区在保障性住房制度改革过程中，创新性地提出"优先解决来新区就业的各类人员住房困难"的新政，将外来人口纳入保障范围，推出蓝白领公寓和定单式限价商品房两种政策性住房，这一举措成为滨海新区招商引资、吸引企业落户的一大优势。区政协在连续两年开展保障性住房调研的基础上，今年将蓝白领公寓建设和管理情况列为调研内容，由副主席刘胜和、杨志刚带领专题调研组，先后深入到区规国局、开发区、保税区和有关单位进行调查研究。通过调研大家一致认为，新区蓝白领公寓建设，规划起点高，施工把关严，使用效果好，取得了可喜成绩，不仅有效解决外来务工人员居住问题，而且在吸引高水平大项目好项目，促进规模企业和龙头企业聚集等方面，发挥了重要作用，在全国处于领先地位。为继续发挥优势，弥补不足，通过集中调研和反复论证，提出几点意见建议。

一、蓝白领公寓建设和管理基本情况

近年来，新区开发开放和"十大战役"的建设热潮，吸引了大批外来人口。据统计，新区常住人口248万，其中外来常住人口为124万人，占常住人口总量的一半，主要分布在工业、服务业和建设工地等行业。解决大量外来务工人员最现实、最迫切的问题就是住房。对此区委、区政府高度重视，把蓝白领公寓作为保障性住房建设的重要内容，积极探索解决外来务工人员住房困难的新路。去年10月，《滨海新区深化保障性住房制度改革实施方案》正式出台，在政府主导、各功能区积极参与下，新区蓝白领公寓建设得到快速发展，截至目前，新区蓝白领公寓建设总量约308万平方米，其中：已建成蓝白领公寓148万平方米，在建160万平方米，可解决30万外来务工人员的居住问题。主要经验做法：一是土地供应规范化。蓝白领公寓规划用地性质定为工业配套服务设施的居民用地，建设用地可采取划拨和协议出让方式供应，建设单位、建设和用地规模有明确标准，对蓝白领公寓供应建设用地、降低用地成本、控制用地规模减少浪费等方面进行了规范。二是规划设计科学实用。蓝白领公寓建设坚持"小户型、齐功能、高质量"的原则，在土地供应、建设开发、资金投入、户型设计、项目配置、运营管理等方面进行创新，确保项目又好又快地建设。三是建设资金良性运转。蓝白领公寓主要由政府组织建设，同时也积极鼓励大型企业自行建设，还允许社会机构投资建设小户型租赁公寓。

为鼓励各功能区和企业建设蓝白领公寓，新区将各功能区出让土地使用权政府净收益的10%作为专项资金返回用于蓝白领公寓建设，实现了建设资金的良性运转。四是配套设施便利齐全。蓝白领公寓内的配置主要包括基本家具、电视机、空调、热水淋浴和公共洗衣房等，可以直接入住。公寓还建有公共食堂、超市、阅览室、医务室、理发室以及运动场和文体活动设施，为方便职工生活，提供良好居住环境。五是运营管理责任明确。新区结合各功能区的实际情况，对蓝白领公寓的运营管理提出了明确要求；各功能区设立了专业管理部门负责蓝白领公寓的运营、使用、安全等管理工作，同时与居住人员所在企业签订协管协议，明确职责分工，实现了新区主管部门、功能区、企业（用人单位）三位一体的管理模式。

二、蓝白领公寓建设与管理存在的问题

1. 各区域尚存在供需不平衡现象。随着滨海新区开发开放步伐加快，不断有各类人才和外来人口被吸引到新区就业创业，其中大多数夹心层群体需借助蓝白领公寓过渡，来逐步实现定居新区的愿望。这就赋予蓝白领公寓区域性、过渡性和流动性等特点。目前，从新区整体来看，蓝白领公寓保有量已基本满足现阶段外来人口住房需求，但由于各功能区发展和人口分布的不平衡，部分区域蓝白领公寓还存在供需矛盾和使用不平衡现象，据统计，入住率高的达到80%以上，低的仅有20%左右，放眼新区未来5～10年发展，结合新区未来人口增长趋势和各区域分布变化，如何解决蓝白领公寓供需平衡和均衡使用问题，是下一步尚需加大力度解决的问题。

2. 相关优惠政策尚未落实。蓝白领公寓建设虽然已纳入我市公共租赁住房管理范畴，但目前仍无法享受天津市公共租赁住房的部分政策优惠，突出反映在用电问题上，尽管《滨海新区蓝白领公寓规划建设管理办法》明确规定，蓝白领公寓水、暖、气、电等收费价格按居民标准执行。由于没有天津市文件作依据，主管部门仍然按酒店式公寓项目收费，也就是按照商业用电标准收费，这就导致用电费用过高，加大了经营成本和居住人员的经济负担。

3. 使用和管理水平尚需提高。蓝白领公寓居住人员相对集中，在房源调配使用、日常运行管理、服务项目配套以及安全防范、环境卫生等方面提出较高要求，目前我们在公寓的使用和管理经验还不足、现代化措施和管控办法还需完善，管理和服务水平还有待于进一步提高。

三、关于蓝白领公寓建设与管理的几点建议

1. 加大宣传力度，让惠民工程深入人心。新区蓝白领公寓建设在开发开放、吸引人

才和留住人才方面发挥了重要作用。在已经建设完成的30处"蓝白领公寓"中，共有房间3.5万多套，可以解决20多万各类专业技术人才、高校毕业生和外来务工人员的住宿问题。这是新区保障房建设的一大亮点，应当认真总结成功经验，加大对外宣传力度。要充分发挥报纸、电台和政府网站的作用，宣传相关政策和实施效果，让全社会了解蓝白领公寓建设的重要意义、政策措施和相关信息，让区委、区政府的惠民工程更加深入人心。

2. 协调解决供需矛盾，兼顾不同群体需求。从新区未来发展需要和现实情况出发，把握蓝白领公寓的建设数量和使用办法。一是进行科学规划和建设。为更好解决供需矛盾，采取直接与企业挂钩的办法，引入订单式设计，按照企业需求确定建设数量、使用面积和设施设备等，使蓝白领公寓建设更加具有针对性和实用性。二是根据实际需求调整管理办法。在使用环节上，要合理设置入住门槛，控制收费标准，对用电标准不一致问题，有关部门要加强协调，尽快落实，切实解决入住人员经济负担过重问题，让更多有住房需求的人住进来，努力保持较高的入住率。三是逐步扩大保障覆盖面。建议主管部门与有关部门配合，逐步把从事三产和小型企业职工纳入蓝白领公寓的保障范围。同时，在条件允许情况下，为治理群租房提供新的办法和渠道。

3. 发挥政府主导作用，建立多方参与建设机制。建设蓝白领公寓，政府的政策支持和资金保障是强大后盾，但由于财政能力有限，如果过分依靠政府，建设和保障能力将显得相对不足。按照《滨海新区蓝白领公寓规划建设管理办法》对筹资建设蓝白领公寓做出的政策规定，一是各管委会自行建设；二是吸引社会资金投入建设。新区蓝白领公寓建设要注重引入市场机制，让部门机构、工业园区、企业等多方主体共同参与，明确多方主体的职责与功能，建立高效的分工合作运营机制，并以土地、税收、贷款等各方面的优惠政策吸引社会资本参与，扩大融资渠道。在有条件的产业园区，政府牵头组织，鼓励企业各自建造蓝白领公寓，政府则予以优惠政策的支持。

4. 完善管理机制，提高管理水平。蓝白领公寓是社会的一个组成部分，既有社区职能，又有经营管理职能，需要有完善的管理机制和高质量的管理水平。一是建立健全统一规范的管理机构和信息资源共享系统，为管理工作信息化、标准化和科学化打下基础。二是设定合理的准入标准，建立能进能出的管理机制，严格把关，形成规范化的申请、入住和退出监管机制。三是建立入住者管理档案，通过人性化和法制化并行的管理，培养入住者在安全防范、环境卫生和个人行为等方面的自律意识，促进监管工作不断完善，进一步提高蓝白领公寓管理水平。

关于开展廉租住房和经济租赁住房租房补贴使用情况调查的总结报告

区委办公室督查信息处：

我局接到区委办 2011 年第 140 号督办通知单后，按照区委 7 月 11 日立峰书记专题会议的工作部署，立即与民政局一起，通过各街道，社区居委会，有针对性地开展了廉租住房和经济租赁住房租房补贴使用情况调查工作。现将有关情况总结如下：

一、加强领导，明确目的

我局和民政局共同组织塘、汉、大住房保障部门，民政部门，各管委会街道居委会。各级各部门领导高度重视，统一联动，分工协作，抽调专门人员组成工作小组，确保了调查工作规范有序进行。通过入户调查，摸清享受廉租住房租房补贴和经济租赁住房租房补贴家庭实际租房情况，防止租房补贴挪作他用，帮助低收入家庭解决租赁住房问题。进一步完善新区保障性住房配套政策和运营管理机制。

二、精心组织，细致调查

专门召开了各管委会房管部门，民政部门、街道办事处分管负责人参加的动员部署会。组织塘、汉、大管委会房管，民政，街道居委会相关人员进行业务培训，布置工作任务。

我局与民政局专门下发了《关于开展廉租住房和经济租赁住房租房补贴使用情况调查的通知》，细化分工与职能。

我局还通过报纸媒体做好前期宣传工作，各部门做好辖区居民的宣传工作，充分让享受补贴家庭理解政策，了解调查目的与程序。

通过街道办事处组织居委会采取入户方式，逐户核实享受补贴家庭的租房情况、家庭收入变动，住房面积变动等信息。

我局会同民政局与塘、汉、大管委会房管部门，民政部门按照享受补贴家庭住房、收入情况建立名册和数据库，汇总结果，分析问题，形成报告。

三、严守纪律,确保质量

在调查工作中,调查人员讲求文明礼貌,遵守调查纪律,严格调查程序,熟悉掌握相关政策,耐心介绍调查目的及内容,保守调查信息秘密。特别是按照"租房租赁协议"核实房屋租赁情况,确保了调查信息真实、准确、有效。

四、汇总成果,分析问题

经过调查核实,调查结果汇总如下:

管委会	享受补贴种类	享受家庭数	补贴用于租房户数	未租房户数
塘沽	廉租住房租房补贴	906	897	9
	经济租赁住房补贴	7	7	0
汉沽	廉租住房租房补贴	881	873	8
	经济租赁住房补贴	1	1	0
大港	廉租住房租房补贴	182	182	0
	经济租赁住房补贴	3	3	0

未租房原因:出租户收回出租屋,在房屋租赁一年备案期间内,享受补贴家庭暂时未找到合适的房源来续租,只能借住或暂住,造成核查时未能租房。

结论:经调查,享受补贴家庭租房率为99.2%,基本没有挪作他用现象发生。

通过两种租房补贴调查工作,我们发现工作中存在如下问题:

1. 补贴申请使用的监管,通过房管部门的租房备案、民政部门的收入审核和街道居委会动态管理还是不能弥补管理上的漏洞。应该引入第三方机构监督机制和广泛的群众监督,才能完善我们的监管体系。

2. 民政收入核查,居委会动态管理人员,多为兼职,经费不足,容易造成精力分散,或者责任不明,造成补贴申请核查工作存在漏洞。

通过问题的分析与查找,我们将改进和完善租房补贴工作的各项机制,加强监督与管理,进一步完善新区保障性住房配套政策和运营管理机制,健全新区住房保障制度。

二〇一一年八月二日

关于借鉴日本、新加坡、中国香港特区保障性住房管理经验的报告

新区政府：

2012年2月19日至3月1日，我局郭富良副局长带队赴日本、新加坡及我国香港特别行政区进行了为期12天的保障性住房考察。期间与日本东京都住宅供给公社管理部门、新加坡建屋发展局首席规划师陈桂珍以及香港房屋署屋村事务经理炳泉先生进行了座谈，并参观了相关保障性住房项目。

通过这次对日本、新加坡、中国香港特区保障性住房的考察学习，我们学到了不少值得借鉴的经验。下一步我们将结合两国一特区保障性住房经验以及我局开展的五个课题研究，进一步修改完善《定单式限价商品住房规划建设管理办法》、《滨海新区"十二五"住房规划》。组织有关单位提出"临港示范社区"规划、建设指标体系，建设高品质、节能环保、生态绿化、宜居的示范社区。

附件：1. 日本、新加坡、中国香港特区保障性住房经验借鉴（文本）
　　　2. 日本、新加坡、中国香港特区保障性住房经验借鉴（多媒体）❶

二〇一二年四月二十八日

附件1　日本、新加坡、中国香港特区保障性住房经验借鉴

经区政府批准，新区规国局郭富良副局长带队于2012年2月19日至3月1日对日本、新加坡及我国香港特区进行了为期12天的保障性住房考察。期间与日本东京都住宅供给公社管理部门、新加坡建屋发展局首席规划师陈桂珍以及香港房屋署屋村事务经理炳泉先生进行了座谈，并参观了相关保障性住房项目。随团考察的有：规国局住保处沈学民处长，住保中心李红星副主任、郑宾主任助理，散货物流公司高俊勤副总经理，黄港实业公司杨宝立副总经理。现就考察情况报告如下：

---

❶ 编者注：本书对该部分内容省略。

一、日本保障性住房经验借鉴

（一）基本情况

日本陆地面积约 38 万平方公里，由北海道、本州、四国、九州 4 个大岛和其他 6800 多个小岛屿组成。日本地处温带，气候温和、四季分明。日本境内多山，山地约占总面积的 70%，大多数山为火山，其中著名的活火山富士山海拔 3776 米，是日本最高的山。日本地震频发，每年发生有感地震 1000 多次，是世界上地震最多的国家，全球 10% 的地震均发生在日本及其周边地区。日本的自然条件决定了日本住房更加注重安全性。

日本人口约 1.3 亿人，是世界上人口密度最高的国家之一，因此住房问题一直比较突出，进入 20 世纪 80 年代，日本人口步入老龄化，老年人住房是重点之一。目前人口出现负增长，住房建设已基本饱和，转入提高住房质量的新时代。

（二）经验借鉴

第二次世界大战后日本住房极度紧缺，当时约有 2000 万人，约占全国人口的 1/4，无房可住。为此，日本政府当时确定了 420 万套住宅建设目标，经过几十年努力，建设了大量公共住宅，基本解决了日本的住房需求。

日本政府解决住房问题的主要做法：

一是制定法规和优惠政策。日本政府为解决住房问题，先后制定了三部法规。分别是 1950 年制定的《日本住房金融公库法》，它为自建或购买房屋的日本家庭提供长期低息贷款支持。1951 年制定的《公营住宅法》，规定了各级政府提供公营住宅的方式、范围、保障对象和投资比例。1955 年制定的《日本住宅公团法》，主要是面向中等收入家庭，建设的房屋可租可售。

日本政府为了鼓励私人兴建和购置住宅，对住宅用地实行优惠，不动产取得税一般用地为 4%，而住宅用地只按 3% 征收，优惠 25%。固定资产税率对住宅用地面积在 200 平方米以上的减半，200 平方米以下只缴纳 1/4。

二是建立不同类型的公司，负责建设相应的保障性住房。日本政府建立了"公营、公团、公社"三个类别公司，分别负责建设低收入人群租赁住房、收入较高阶层的住房以及可以购买转让或出租的私人楼宇。

三是质量与品质是日本保障性住房的亮点。

1980 年以后，日本住宅存量逐渐饱和，由一个单纯追求量的时代进入了一个追求质的新时代即"新型居住时代"（NPA）。

1984 年，第一个百年住宅示范项目。户型可按需求随时有所变化，以满足不同使用者或相同使用者不同时期的需求。

1992 年，第一个环境共生住宅项目。采用日本当时的先进技术，如节能技术，以及对风、水、绿树的应用来保证对室内温度的调整。地面采用透水性非常强的沙粒地面，形成小区内水的循环。

1998年，第一个老年住宅示范项目。它的主要做法就是对老年人生活特点进行数据分析，采取户型编排和产品应用，同时采取无障碍设计的手法，在一楼提供服务设施，供人们在这里停驻谈话或休息待客。

2000年以后，随着住宅存量的满足以及多元化设计时代的结束，日本住宅设计再次进入了另一个转折点，政府更加强化对住宅品质的保证，通过制定相关政策将住宅开发建设的重点引向高龄住宅领域。

四是保障性住房的准入与退出机制。

一是准入：按收入将中低收入家庭划分为5个档次，最低月收入12万日元，最高为20～30万日元；收入越高则房屋租金越高。同时，对特定人群享有一定优惠。

二是退出：对夫妇年龄均在40岁以下的年轻家庭规定了十年租期，期满必须退出。

（三）参观公租房项目

东京中野弥生町住宅小区由两栋（板式）多层建筑构成，电梯与走廊均为外挂，可降低建设成本，有利防火。室内布局合理，浴室与洗手间做到干湿分离，每个卧室均有壁橱，厨房设计充分利用内部空间。小区院落中间部位是绿化并设有休息亭，小区道路沿建筑形成。小区内设有专门的停车楼，可分别存放汽车与自行车。配套设施如幼儿园、学校、医院及购物超市均为公共设施，与周边小区共同享用。

二、新加坡保障性住房经验借鉴

（一）基本情况

新加坡是一个城市国家。它由新加坡岛及附近63个小岛组成，面积710平方公里，属热带海洋性气候，常年高温多雨，年平均气温24～27℃。人口508万，其中华人占75%；马来人占13.9%；印度人占7.9%，其他种族人口占1.5%。

新加坡风光绮丽，终年常绿，岛上花园遍布，绿树成荫，形成新加坡住宅的天然绿化配套景观。

（二）经验借鉴

1959年新加坡成立自治政府时约80万人（占新加坡家庭的84%）生活在拥挤的贫民区和棚户区内，条件非常恶劣，只有9%的新加坡人住在公寓中，人均居住面积3.3平方米。经过50年的建设，新加坡组屋政策取得了巨大成就，建设100万套组屋，目前超过80%新加坡人居住在政府组屋，95%的家庭拥有自己的住房，人均居住面积居亚洲首位。

新加坡政府解决住房问题的主要做法：

一是制定完备的公积金制度和保障性住房优惠政策。自1960年起强制推行公积金制度。新加坡政府规定,每个在职的新加坡公民需把 40%~50% 的个人收入放到中央公积金局统一归集,管理和运营。其中近 80% 的资金被用于保障性住房的建设。

政府组屋销售的亏损,由政府给予补贴。新加坡的组屋销售是根据中低收入家庭的支付能力来确定,而不是依据成本进行定价,由此造成建屋发展局的亏损,政府核准后在以后年度中由财政予以补贴。保证中低收入家庭能够负担起组屋的价格。

二是建立保障性住房机构。1960 年 2 月,新加坡政府成立了建屋发展局,隶属于国家发展部。建屋发展局既是"开发局"又是"金融机构"。这个局负责全国所有保障性住房的开发、建设及租赁,同时,又可向符合购买保障性住房条件的住户发放住房抵押贷款。

三是按收入确定保障人群。新加坡的保障性住房的划分主要由家庭月收入的高低来界定。按家庭月收入将所有家庭分为 4 个等级:

家庭月收入 800 新元以下(约占 10%):享受租赁补贴,可租住一居室、两居室或三居室的组屋,补贴金额约为租金价格的 50%。

800~5000 新元,即可租组屋也可购买组屋。

5000~8000 新元,不能租组屋只能购买高档次的组屋。

8000 新元以上,不能购买建屋发展局提供的组屋,也不能享受优惠的公积金贷款,只能从房地产市场购买住房,通过商业渠道获得贷款。

四是保障性住房的准入与退出机制。组屋作为新加坡的保障性住房是可租可售的,作为保障性住房它具有严格的准入与退出机制。

第一是准入:

1. 具有公民资格。

2. 无私有房产。

3. 按收入划分:800 新元以下可租,800~5000 新元可租可买,5000~8000 新元只可买,8000 新元以上者则不可买组屋。

第二是退出:

转卖组屋,居住 5 年以上,才可上市交易;5 年之内不得转售,也不能用于商业性经营;购买组屋后可以再购置市场商品房,但业主本人如不居住在组屋内就必须退出组屋。

对于违反规定倒卖或出租组屋者,不仅面临高额罚款,严重的还将负刑事责任。

(三)参观组屋项目

新加坡达士领住宅小区是由 7 栋高层建筑组合而成,在第三十层和第五十层通过走廊将 7 栋建筑连接起来。三十层走廊主要用于跑步、锻炼、休闲。设有儿童娱乐、成人休戚相关设施。五十层走廊主要用于高空观景,鸟瞰市容景观。7 栋楼,房型设计只有两种,90 平方米和 110 平方米。在一层设有幼儿园,其他公共设施均在周边配套。据建屋发展局林先生介绍:新加坡组屋房型主要分为4类:分别是45平方米、65平方米、90平方米、110平方米,可满足不同阶层人群的需求。

三、中国香港特区保障性住房经验借鉴

(一) 基本情况

中国香港特区位于珠江出海口东侧。包括香港岛、南九龙和新界三个部分。香港岛和附近小岛面积共79.45平方公里,全岛最高的峰为太平山,海拔554米。著名的维多利亚港坐落于此。九龙面积11.1平方公里,现已成为香港工商业活动的另一个中心,与香港岛同称为购物天堂。新界是香港的工业区,主要工厂均在这里。香港人口的60%居住于此。

(二) 经验借鉴

因受地理条件限制,香港居民住房颇为紧张。香港回归前,港英政府于1954年开始实施公共居屋计划,大量兴建保障性住房。目前香港已经建成153个屋村,约50%的人口居住在政府建设和私人机构参建的公屋中,其中30%的人口租住公共租屋,约20%的人购买了居屋。

香港特区政府解决住房问题的主要做法:

一是优惠的保障性住房政策。

1. 香港政府无偿划拨土地给房委会,用于公屋建设。香港督导委员会负责统筹土地供应工作。

2. 发展过程中特区政府将居者有其屋计划基金和发展贷款基金,注入100亿港元作为永久债权,年息为5%。

3. 房委会将所辖商业和停车场出租,每年获取十几亿港元,用于公屋建设。

二是整合保障性住房管理机构。早期成立了徙置事务处和香港屋宇委员会,中期有房屋署,2002年以后又将房屋局与房屋署合并为房委会,下设不同的常务小组委员会,分别负责规划、建设、招标、商业楼宇及资助房屋。

三是香港公屋发展的三个阶段特点。

1952～1973年,大量兴建"廉租屋"达34.8万套,只租不售,实行低标准,低租金。

1973～1977年,全港统筹公屋建设与发展,加快了新市镇的发展速度,强调量与质并重。

1978年开始全面推行"居者有其屋"计划,以房屋委员会建房为主与私人机构参建居屋相结合,推行公屋住宅商品化,市场化。

四是公屋的准入和退出机制。

第一是准入:

1. 申请人必须满18岁。

2. 申请人及家庭成员必须现居住于香港又有香港居留权。

3. 配屋时，必有一半成员在香港住满7年及所有成员仍在港居住。

4. 申请人及家庭成员并无住宅楼宇。

5. 申请人及家庭成员符合房委会每月入息及总资产净值限额。

第二是退出：

居住十年以上家庭要再次申报月收入及总资产。如超出限额则按其超出程度，需缴纳1.5～2倍的房租，若月收入及总资产均超出，必须迁出公屋。

注：单身人士月收入8740港元总资产193000元，十人以上家庭月收入在33590元，总资产636000元即可申请。对高龄人士则可进行适当的优惠。

（三）参观公屋项目

主要参观了渔光村和石排湾公屋。渔光村小区是20世纪50年代建设的多层公屋，目前正在粉刷装修，该建筑中间是通道两侧是住宅房，面积只有30平方米，含有卫生间、厨房。石排湾小区由多栋高层建筑组成，房屋面积均为40平方米，小区内的各项配套完善，环境良好。

四、借鉴先进经验，完善制度，高标准建设滨海新区示范社区

通过这次对日本、新加坡、中国香港特区保障性住房的考察学习，我们学到了不少值得借鉴的经验。日本住宅项目具有节能环保，亲水空间绿化，房型设计人性化及高品质的建筑质量等特点；新加坡组屋项目的优势则体现在住房保障范围大，扶持政策力度大，社区居住生态绿化环境空间大；香港公屋建设政府投入资金大，退出机制明确。

参照上述经验，我们下一步将从两方面深化完善相关工作：

一是结合两国一特区保障性住房的相关优惠政策以及我局开展的五课题研究进一步修改完善《定单式限价商品住房规划建设管理办法》、《滨海新区"十二五"住房规划》。

二是结合两国一特区保障性住房在节能环保，亲水绿化，房型设计人性化等方面的经验，组织规划编制和建筑设计单位提出"临港示范社区"规划、建设指标体系，建设高品质、节能环保、生态绿化、宜居的示范社区。

需求调查、销售审核工作情况

一、做好需求调查，推进滨海新区保障性住房体制建设

从新区保障性住房现状需求出发，结合新区快速增长的经济规模和高标准、现代化的规划要求，建设具有新区科学普惠的多层次保障性住房体系。我们做了三项住房专题调查。

1. 公租房、限价房需求调查

按照 5 月 18 日❶区委常委会的工作部署，为做好新区保障性住房建设、管理工作。我局与民政局一起有针对性开展保障性住房需求调查摸底。

在新区范围内具有新区非农业户籍，家庭上年人均收入低于 3 万元，家庭住房建筑面积不超过 60 平方米的家庭，通过需求调查，采取以申代调方式，摸清新区中低收入家庭住房状况，分析确定新区 2012～2013 年公共租赁住房、限价商品住房需求量，为健全住房保障制度，完善住房保障政策提供依据，力争到 2013 年完成对新区中低收入住房困难家庭应保尽保的既定目标。

按照工作部署，8 月 15 日❶汇总统计成果，共计：公租房需求 4636 套，限价商品房 3189 套。

2. 廉租住房租房补贴、经济租赁住房租房补贴调查

按照区委 7 月 11 日专题会议的工作部署，为做好新区保障性住房管理工作，我局与民政局有针对性开展保障性住房补贴情况的摸底调查工作。

采取入户调查方式，深入到每一个享受补贴家庭，核实租房情况。摸清享受廉租住房租房补贴和经济租赁住房租房补贴家庭实际租房情况，防止补贴挪作他用，帮助低收入家庭解决租赁住房问题。进一步完善新区保障性住房配套政策和运营管理机制，健全新区住房保障制度。

按照工作部署，7 月底汇总调查成果，经调查：在新区享受两种租房补贴的 1980 户家庭中，1963 户租金用于租房，17 户由于各种原因未租房，租房率 99.2%。

3. 定单式商品住房需求调查

按照 6 月 30 日❷，立峰书记、国英区长召开专题会议精神，我局组织在各功能区的

---

❶ 编者注：2011 年。
❷ 编者注：2011 年。

企业、单位中开展定单式商品住房需求调查。

根据定单式商品住房的政策标准、房源情况，我局制定了定单式商品住房需求调查宣讲提纲和申请调查表，通过对各功能区相关人员进行培训和政策宣讲。要求各功能区组织经发局、工会等部门深入企业、单位进行宣讲，开展住房需求调查，力求做到全面、准确，并将调查成果统计汇总。根据需求与功能区住房主管部门签订定制协议。以后每半年汇总一次各功能区定单式商品住房需求。

截止到8月31日❶，我局共接到12个功能区管委会和8家重点企业的数据统计汇总报表，总计：8538套住房需求，其中欣嘉园3408套，中部新城北组团3293套，南起步区1837套。

二、受理审核保障性住房购买资格及欣嘉园销售工作

做好企业定制限价商品住房的申请审核工作，截至2011年9月底，共审核申请表4787份，其中，核发购买资格证2350份。

复核审批塘沽五车地普通限价商品住房购买资格1266件。

为了加大申请审核力度，在住保中心、行政许可中心和欣嘉园现场三地都进行申请的咨询审核工作。

为了加快审核效率，缩减审核时间，只要有申请进件，每天都进行公示，办理购房资格证周期明显加快。

欣嘉园项目自2010年12月开盘以来，截至2011年9月底，取得购买资格证的2350人中，签署购房合同的784份，已颁证购房率为33.4%，销售面积6.81万平方米，销售金额4.22亿元。

---

❶ 编者注：2011年。

定单式限价商品住房需求调查工作报告

新区政府：

为构建滨海新区多层次、多渠道、科学普惠的住房保障体系，解决外来务工人员住房困难，提高新区在招商引资中的竞争力，滨海新区政府决定建设定单式限价商品住房。6月30日❶，立峰书记、国英区长召开专题会议，听取定单式限价商品住房实施方案汇报，要求由各功能区开展辖区内企业、单位对定单式限价商品住房需求调查。

现将工作落实情况报告如下：

一、专题部署、深入宣传

根据区政府要求，我局向各功能区管委会和重点大型企业下发了《关于开展定单式限价商品住房需求调查的函》，7月25日❶召开专题工作部署会，对各功能区相关人员进行培训和政策宣讲。要求各功能区组织经发局、工会等部门深入企业、单位进行宣讲，开展住房需求调查，力求做到全面、准确，并将调查成果统计汇总。力争在8月10日❶前完成住房需求调查工作。

根据工作进展和需求数据反馈情况，8月18日❶，云鹏副区长专门召开了各功能区有关部门负责人参加的定单式限价商品住房需求座谈会，进一步明确建设定单式限价商品住房的意义、目的和相关政策，重申到8月底❶汇总需求结果，过期未报数据的视为无需求，区政府三年建设周期内将难以及时解决相应的住房需求的具体要求。

我局专门组织人员到各功能区和重点单位进行定单式限价商品住房的政策宣讲，互动答疑，明确申购程序，推动工作落实。

二、加强推动、汇总成果

加强与各功能区管委会和重点企业的沟通，进一步推动定单式限价商品住房需求调查工作，动态跟踪各管委会和企业工作落实进展情况。由于时间紧迫，各个单位还要向所在二级单位和职工宣传政策，答题解惑，填写调查表，汇总数据，统计结果，工作量

---

❶ 编者注：2011年。

较大。在深入现场宣讲、答疑的同时，我局住保处和住保中心开通三部热线电话，为住房需求人答疑解惑，同时督促各单位按计划时间完成需求调查任务。

截止到 8 月 31 日 ❶，我局共接到 12 个功能区管委会和 8 家重点企业的数据统计汇总报表（汇总结果明细后附），总计：8538 套住房需求，其中欣嘉园 3408 套，中部新城北组团 3293 套，南起步区 1837 套。

三、分析需求、完善计划

通过汇总数据，我局就各功能区和相关企业上报的需求数据进行综合分析。

1. 十二个功能区总计上报住房需求 4899 套，需求集中在开发区、中央商务区、东疆经济区和轻纺经济区；

2. 保税区、生态城、中心渔港上报零需求，这和功能区产业布局，项目落位时间进度，产业员工聚集有很大的关系，目前，这些功能区大多都是新建企业，项目大多筹建中，产业工人数量有限；

3. 大港油田、天津石化、渤海石油等重点企业共计上报需求 3639 套，主要是企业员工基数较大，历史遗留住房矛盾较多，住房需求量大。

通过客观的数据分析，我局将进一步完善定单式限价商品住房建设规划。

下一步，定单式限价商品住房需求调查工作将作为一项日常工作来抓，特别是对新引进的招商项目，各功能区及时跟踪调查，每半年上报住房需求状况，使住房主管部门能够实时掌握住房需求动态数量，及时制定、调整定单式限价商品住房建设计划。

附件：定单式限价商品住房需求调查汇总结果

二〇一一年九月五日

---

❶ 编者注：2011年。

附件:

定单式限价商品住房需求调查汇总结果 ❶

单位 \ 项目需求	欣嘉园	中部新城北起步区	中部新城南起步区	合计
开发区	1694	5	1000	2699
高新区	26	7	1	34
旅游区	1	9	0	10
中央商务区	6	1544	3	1553
临港经济区	16	11	0	27
东疆经济区	165	81	9	255
轻纺经济区	6	6	304	316
北塘经济区	5	0	0	5
保税区	0	0	0	0
生态城	0	0	0	0
中心渔港	0	0	0	0
小计	1919	1663	1317	4899
大港油田	629	259	422	1310
天津石化	26	17	65	108
渤海石油	834	1354	33	2221
合计	3408	3293	1837	8538
备注				

❶ 编者注:表格中的单位为套。

"市政协关于率先在滨海新区抑制房地产暴利、降低房价的建议"的提案回复

一、提案概述

天津市政协十二届四次会议第184号文件提出率先在滨海新区抑制房地产暴利、降低房价的建议。

二、提案答复

构建新区多层次、多渠道、科学普惠的住房体系,充分利用新区先行先试优势,扩大住房保障覆盖面,通过加大保障性住房建设力度来平衡和规范房地产市场,确保老百姓住有所居,是维护房地产市场健康有序发展、有效遏制房地产暴利的重要保障。

目前我们正在对新区房地产市场和城市居民收入等方面深入分析研究,吸纳借鉴新加坡、中国香港、中国厦门等国家和地区住房保障先进经验的基础上,编制"十二五"住房建设规划,研究制定具有新区特色的保障性住房政策。

经测算,新区"十二五"期间,通过公共租赁住房、蓝白领公寓、经济适用住房、限价商品住房和定制商品住房等保障模式,可保障新区中等以下收入(含中等收入)人群住有所居,约占城市常住人口的70%左右。

新区保障性住房对销售价格有严格限制,通过各相关部门联动,提供优惠政策,有效降低销售成本,压缩销售利润空间,最高利润控制在10%以下,明码标价,遏制炒房现象,确保老百姓租得起房、买得起房。有效遏制房地产暴利的发生,保证房地产市场健康有序发展。

"市政协关于解决非天津籍员工住房难的建议"的提案回复

一、提案概述

天津市政协十二届四次会议第 609 号文件提出解决非天津籍员工住房难的建议。

二、提案答复

新区政府对解决非天津籍员工住房困难问题非常重视,在 2010 年 6 月份发布的《天津市滨海新区保障性住房建设与管理暂行规定》中已明确将解决非天津籍员工住房困难问题纳入新区保障性住房范围。通过蓝白领公寓和定制商品住房等保障模式,降低准入门槛,解决非天津籍员工住房困难问题,推动新区招商引资工作深入开展。

2010 年新建蓝白领公寓 47.3 万平方米,包括南港轻纺城蓝领公寓、临港工业区配蓝白领公寓、空港白领公寓二期等项目,建设套数近 1 万套,能解决 6 万外来工作者的居住问题。2011 年预计新开工建设蓝白领公寓 91 万平方米,建设套数 1.5 万套,能满足 10 万务工人员的居住需求。另外,新区 2010 年建设定制商品住房 50 万平方米,2011 年计划建设 159 万平方米。解决非天津籍员工购房难问题。随着招商引资工作的不断深入,根据需求,新区还将扩大蓝白领公寓和定制商品住房的建设规模,切实解决非天津籍员工住房问题。

"市政协关于建设和完善新生代农民工集中性公寓及其功能的建议"的提案回复

一、提案概述

天津市政协十二届四次会议第 1043 号文件提出的建设和完善新生代进城务工人员集中性公寓及其功能的建议。

二、提案答复

住房保障工作一直被列为新区 20 项"民心工程"之首。进城务工人员（蓝领工人）住房问题也被列为住房保障重点工作，主要通过蓝领公寓来解决。目前，新区已建蓝领公寓 125 万平方米、约 2.54 万套，其中，已竣工 75.35 万平方米，在建 49.65 万平方米。今年计划开工建设蓝领公寓 91 万平方米。可基本满足目前新区进城务工人员（蓝领工人）住房需求。

针对蓝领公寓建设和管理工作，我局已拟定了相关政策规范，正在广泛征求意见中。其中对蓝领公寓生活、文化等设施配套做了明确规定，保障农民工（蓝领工人）日常生活需求。

"新区人大关于解决滨海新区企业员工住房问题"的议案回复

一、议案概述

滨海新区一届人大第二次会议第251号文件提出的解决滨海新区企业员工住房问题的建议。

二、议案答复

滨海新区于2010年6月23日发布执行《天津市滨海新区保障性住房建设与管理暂行规定》（简称《暂行规定》），按照工作部署，于2010年8月开始受理各项保障性住房申请受理工作。

2010年9月份，市国土房管局对《暂行规定》定制限价商品住房准入条件提出异议，要求与我市限价商品住房政策保持一致。经新区与市国土房管局多次研究沟通，最终达成一致意见，市国土房管局于2010年10月17日提出《关于滨海新区限价商品住房准入条件的修改意见》（简称《修改意见》），要求本市户籍人员申请定制限价商品住房准入条件要按照我市统一政策执行。新区同意按市国土房管局意见修改定制限价商品住房准入条件。按照《修改意见》要求，新区暂停了定制限价商品住房申请受理工作，对已审核通过的4026份申请表重新进行审核。共有1207份申请符合《修改意见》条件，剩余2819份申请表延期审核。为解决好遗留问题，今年4月份❶，新区住保中心再次启动剩余的2819份申请表的审核工作，此项工作正在进行中。目前，新区就定制商品住房准入政策正与市国土房管局做进一步沟通，争取进一步降低准入门槛，更大范围的、公正的解决员工住房问题，推动新区招商引资工作深入开展。

---

❶ 编者注：2011年4月份。

"新区人大关于加大外来务工人员户籍准入力度和保障性住房分配力度的建议"的议案回复

一、议案概述

滨海新区一届人大第三次会议第 161 号文件提出要加大外来务工人员户籍准入力度和保障性住房分配力度的建议。

二、议案答复

保障性住房改革被新区政府列为 2011 年度十大改革之一,保障性住房建设被列为 20 项"民心工程"之首,是涉及民计、民生的大事,我局对此项工作非常重视,不断摸索经验、逐步完善工作。2011 年,按照滨海新区委、区政府工作部署,先后制定了《深化滨海新区保障性住房制度改革实施方案》、《滨海新区蓝白领公寓建设与管理办法》及《滨海新区定单式限价商品住房规划用地建设管理办法》,其中前两者已于当年颁布实施,《滨海新区定单式限价商品住房规划用地建设管理办法》正在征求各方意见,待修订后报政府审定印发。通过完善保障性住房政策,对各类保障性住房规划、设计、配套、建设、分配、运营等环节予以明确规定。我局还组织开展了《滨海新区房价收入比研究》、《滨海新区保障性住房保障人群特征与居住意愿研究》、《滨海新区定单式限价商品住房户型设计研究》等相关课题研究,从降低成本、合理布局、节能环保、配套完善、经济实用、质量优良等方面论证和完善新区保障性住房政策与规划,并邀请知名专家座谈、论证政策的科学性和可行性,为打造全国领先、具有新区特色的保障性住房体系奠定基础。

"新区人大关注新区人口增长特点，突出保障性住房的保障的建议"的议案回复

一、议案概述

滨海新区一届人大四次会议第 75 号文件关于关注新区人口增长特点，突出保障性住房的保障的建议。

二、议案答复

（一）蓝白领公寓建设及使用情况

随着滨海新区开发开放步伐加快，不断有各类人才和外来务工人员被吸引到新区创业、就业，其中大多数需借助蓝白领公寓过渡，来逐步实现定居新区的愿望。为满足需求，截至 2012 年，新区共建设蓝白领公寓约 5.2 万套，保障人口 30 余万。据统计，目前蓝白领公寓平均入住率为 77.4%，从目前新区整体来看，蓝白领公寓建设量已基本满足现阶段外来人口住房需求。

（二）尝试性推出面向外来务工家庭出租的公共租赁住房

为解决已婚外来务工人员的住房需求，完善保障性住房体系，新区正在研究相关政策和措施。同时，以新建或回购等形式，尝试性推出面向外来务工家庭出租的公共租赁住房。其中包括：新区本级计划今年开工建设 288 套公共租赁住房，面向新区居民和外来务工家庭出租，同时，根据需求适时加大建设量；开发区尝试性推出 1164 套租赁型政府公屋（公共租赁住房），面向本区域各企业外来务工家庭出租，目前已基本满足入住条件，于近期投入使用；保税区今年计划收购 200 套房源作为公共租赁住房，面向外来务工家庭出租；生态城也计划将现有 580 套政府公屋，以出租和销售两种方式向外来务工家庭提供房源。下一步，我们将根据新区各区域住房需求，结合房源使用情况，适时增加房源供应量，调整区域供需平衡、供需矛盾问题。

(三)推进"十二五"住房建设规划评估

下一步,我局将"十二五"住房建设规划评估作为一项重点工作,通过全区保障性住房需求调查,摸清底数,科学确定保障性住房建设规模。

再次感谢您对滨海新区保障性住房工作的关心和支持,希望继续对我们的工作提出宝贵意见和建议。您对以上答复有什么意见,请填写在《办理征询意见表》上及时反馈我们,以便我们进一步改进工作。

"新区政协关于滨海新区完善政府分类，健全住房保障运行机制的几点建议"的提案回复

一、提案概述

滨海新区政协一届二次会议第67号文件关于滨海新区完善政府分类，健全住房保障运行机制的建议。

二、提案答复

住房改革被新区政府列为2010年度的五项重要改革、2011年度十项重要改革之一，住房保障被列为20项"民心工程"之首，是涉及民计、民生的大事。我局对此项工作非常重视，不断摸索经验，逐步完善工作。

关于您提出的"夹心层"和外来务工人员住房问题，是我们制定新区住房保障政策重点考虑的问题之一，已纳入新区住房保障体系之中。在我市住房保障整体框架下，结合新区实际，构建具有新区特色的多层次、多渠道、科学普惠的保障性住房体系一直是我们工作的目标。根据相关规定，新区保障性住房确定由公共租赁住房、蓝白领公寓、经济适用住房、限价商品住房和定制商品住房构成。其中，蓝白领公寓和定制商品住房是新区特有的保障模式，主要解决外来工作者和通勤人员住房问题。公共租赁住房和限价商品住房主要解决新区户籍中低收入住房困难家庭住房问题。其中公共租赁住房也同时面向新区评选的优秀外来工作者开放，并结合新区发展，适时扩大保障覆盖面。同时，我们正在与我市相关部门沟通，积极争取降低限价商品住房准入门槛，解决新区更多百姓买房难问题。

关于您提出的"人才房"模式，我们在政策制定时虽未明确其名称，但已纳入定制商品住房政策中。定制商品住房旨在解决中高以下收入外来工作者和通勤人员住房问题。门槛较低，准入条件基本以我市"限购令"标准为准。在放宽准入条件的同时，定制商品住房的退出较为严格，5年后转让时须转让给持有新区住房保障管理部门核发的有效资格证明的人员，从而形成一个相对独立、封闭的良性循环的市场体系，提高住房利用率，切实为新区招商引资工作提供有力保障。

关于您提出"适时推出适应新区区情的公职人员住房保障政策"的建议使我们很受

启发。经研究，我局已向新区政府提交"通过公租房模式解决机关公职人员住房问题的请示"，待研究批准后落实。

关于创新保障性住房融资渠道的建议，我们正在认真研究，拟借鉴我市融资模式，通过组建新区保障性住房开发公司的方式，搭建新区保障性住房融资平台，吸引更多社会资金投入保障性住房建设。

"新区政协关于保障性住房建设中存在的问题及建议"的提案回复

一、提案概述

天津市滨海新区政协一届三次会议第 220 号文件提出关于保障性住房建设中存在的问题及建议。

二、提案答复

保障性住房改革被新区政府列为 2011 年度十大改革之一，保障性住房建设被列为 20 项"民心工程"之首，是涉及民计、民生的大事。我局对此项工作非常重视，不断摸索经验，逐步完善工作。

（一）完善保障政策，提升建设水平

2011 年，按照滨海新区委、区政府工作部署，我局先后制定了《深化滨海新区保障性住房制度改革实施方案》、《滨海新区蓝白领公寓建设与管理办法》以及《滨海新区定单式限价商品住房规划用地建设管理办法》，其中《深化滨海新区保障性住房制度改革实施方案》和《滨海新区蓝白领公寓建设与管理办法》已于当年颁布实施，《滨海新区定单式限价商品住房规划用地建设管理办法》正在征求各方意见，待修订后报政府审定印发。通过完善保障性住房政策，对各类保障性住房规划、设计、配套、建设、分配、运营等环节予以明确规定。同时，针对新区人口特点，我局还组织开展了《滨海新区房价收入比研究》、《滨海新区保障性住房保障人群特征与居住意愿研究》、《滨海新区定单式限价商品住房户型设计研究》等相关课题研究，从降低成本、布局合理、节能环保、配套完善、绿色宜居、经济实用、质量优良等方面论证和完善新区保障性住房政策，并邀请知名专家座谈，论证政策的科学性和可行性，为打造全国领先、具有新区特色的保障性住房体系奠定基础。

（二）建立长效机制，严把质量关

我局作为滨海新区保障性住房主管部门，对保障性住房建设质量非常重视，定期联合新区建交局和质监部门对保障性住房建设进度和质量进行现场察看，发现问题现场处

理,杜绝材料弄虚作假等问题发生。同时,我局还邀请新区人大代表、政协委员、专家与发改委、监察局、建交局等部门组成住房保障监督考评组,对保障性住房建设、分配、使用、管理等工作实施监管,建立长效机制,接受社会监督,联合推动新区住房保障工作开展,确保住房保障工作公平、公正、公开。

(三)深入分析市场,提高入住率

截至2011年底,新区已建成蓝白领公寓约200万平方米,解决了20万职工居住问题,入住率达到95%以上。而限价商品住房项目由于受房地产市场大环境影响,部分持证人持观望态度,致使售房存在一定压力,例如欣嘉园项目销售住房862套、福升园项目销售住房316套。针对销售存在的问题,下一步,我们将在深入分析房地产市场的基础上,以提高服务水平为抓手,深入企业、街道、居委会进行调研、服务,掌握市场动态,分析问题、深研政策、完善项目配套建设,提高入住率,打造让百姓满意的民心工程。

(四)严格准入条件,健全退出机制

一方面,新区保障性住房准入审核实行三级审核,层层负责、层层把关,同时实行公示制度,在报纸、网络等媒体公示申请人申请情况,接受社会监督,确保准入审核公正、公平、公开。另一方面,保障性住房退出严格按照我市相关规定执行。定单式限价商品住房按照区委、区政府要求,对退出机制予以了创新,即"定单式限价商品住房只能转让给持有《天津市滨海新区定单式限价商品住房购买资格证明》的购房人",采取了内部循环的退出机制,提高了住房的使用率和保障面,旨为打造健康有序的市场体系。

下一步,我们将继续深入研究提案内容,吸纳建议、改进工作,不断完善住保政策,逐步健全各项管理机制。

科研篇

保障性住房规划建设管理工作是一个集社会、经济、技术、文化等方面的综合性课题。为提升滨海新区保障性住房规划建设的水平，切实解决民生问题，新区规国局组织开展了若干项专题研究。

《滨海新区房价收入比研究》以房价收入比为切入，通过案例学习，提出适合新区特点的房价收入比计算方法；《滨海新区保障性住房人群特点与定居意愿研究》对滨海新区潜在的住房保障人群类型与定居意愿进行了详尽的分析；《滨海新区定单式限价商品住房房型研究》则根据住房保障人群刚需、改善型等不同阶段的住房需求，提出具有针对性、多样化的户型设计方案；《滨海新区和谐新城居住社区规划方案研究》特聘请美国新都市主义运动的发起人之一、美国旧金山住宅设计专家丹尼尔·所罗门（Daniel Solomon）先生，对滨海新区中部新城北组团开展了城市设计研究，在遵守现有住区日照规范的前提下，通过巧妙构思在斜向街道上开展围合式保障房社区布局设计，为城市营造更丰富宜居的理想居住空间。

新区规国局还邀请国内优秀专家和国际知名学者针对专题研究召开了专家研讨会。专家们的肯定一方面印证了滨海新区保障性住房规划建设的喜人成绩，另一方面也为我局不断丰富完善先进规划理念、学习提高自身规划水平提出了切实可行的路径与思路。

滨海新区房价收入比研究[1]

第一章 研究目的

房价收入比（Price to Income Ratio, PIR）是单套住宅价格与居民家庭年收入的比值，通常用于考查一个地区居民的购房承受能力和房地产市场的健康程度。本研究从介绍世界和我国房价收入比情况入手，通过对新区人口构成、居住标准和收入情况的多样性及差异性进行分析，提出适合新区特点的房价收入比计算方法，为测算新区"十二五"期间住房建设规模以及制定政策性住房销售指导价格提供理论依据。

第二章 世界各国房价收入比情况

国际上一般用单套住房价格的中位数除以居民家庭收入的中位数来计算房价收入比。

世界银行在1992年出版的《中国：城镇住房改革的问题与方案》一文中提出：从发达国家走过的历史看，平均房价与平均家庭收入之比应低于6，在5左右比较合理，超过该比例，有效需求会下降，房地产市场难以持续繁荣。

2001年世界银行在《世界发展指标》中公布了1998年全球96个国家和地区房价收入比的调查情况，其中家庭平均年收入在1万美元以上的国家（地区）的房价收入比为5.6。

世界各国（地区）房价收入比情况（1998年）

家庭收入（美元）	样本数	PIR 平均值	PIR 中位数	标准偏差	最大值	最小值
0~999	11	13.2	13.3	6.2	30.0	6.3
1000~1999	25	9.7	6.9	6.8	28.0	3.4
2000~2999	12	8.9	5.0	7.6	29.3	3.4
3000~3999	12	9.0	8.1	5.4	20.0	2.1
4000~5999	12	5.4	4.5	2.4	12.5	3.4
6000~9999	9	5.9	5.8	2.3	8.8	1.7
≥10000	15	5.6	5.3	2.9	12.3	0.8
所有	96	8.4	6.4	5.9	30.0	0.8

（数据来源：World Bank Group，World Development Indicators 2001）

---

[1] 作者简介：郑宾，天津市滨海新区保障性住房管理中心 主任助理。

按照美国普查局网站公布的房屋交易价格和家庭年收入计算，从 2000 年至 2010 年美国的房价收入比基本维持在 4～5 之间，平均值为 4.61，具体数值见下表：

美国房价收入比情况（2010 年）（单位：万美元）

年份	2000	2001	2002	2003	2004	2005	2006	2007	2008	2009	2010
房价中位数	16.9	17.52	18.76	19.5	22.1	24.09	24.65	24.79	23.21	21.67	22.19
家庭收入中位数	4.20	4.22	4.24	4.33	4.43	4.63	4.82	5.02	5.03	4.98	4.94
PIR	4.0	4.1	4.4	4.5	5.0	5.2	5.1	4.9	4.6	4.4	4.5

（数据来源：U.S. Census Bureau, Current Population Survey, Annual Social and Economic Supplements.）

用同样的方法计算，2000 年至 2005 年新加坡中等家庭购买五房式组屋的房价收入比在 4.4～5.3 之间，平均值为 4.75，具体数值见下表：

新加坡组屋房价收入比情况（单位：万新元）

年份	2000	2001	2002	2003	2004	2005
中等家庭年收入	4.33	4.61	4.30	4.28	4.40	4.60
五房式组屋价格	22.96	21.89	20.82	19.88	20.40	20.35
PIR	5.3	4.8	4.8	4.6	4.6	4.4

（数据来源：Singapore Department of Statistics, Singapore Housing and Development Board）

从以上案例可以看到，作为较好的解决居民住房问题的两个国家，美国和新加坡房屋价格与居民收入的关系较为合理，两国房价收入比均维持在较低的水平。

第三章 我国房价收入比情况

因中值数据采集困难，国内计算方法多采用单位面积平均房价、城镇居民人均居住面积和城镇居民人均可支配收入数据计算房价收入比，即：

$$PIR = \frac{住宅销售单位面积价格 \times 城镇人均居住面积}{城镇居民年人均可支配收入}$$

上海易居房地产研究院按照该算法对 1996 年至 2010 年全国房价收入比的平均情况进行了计算分析，结果见下图：

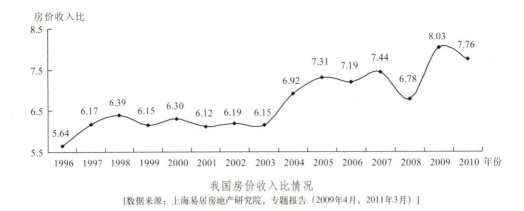

我国房价收入比情况

[数据来源：上海易居房地产研究院，专题报告（2009年4月，2011年3月）]

从以上数据分析，2003年以前我国房价收入比相对合理，到2004年由于房地产热持续升温，该比值开始不断攀升，虽然2008年受金融危机影响有一定下降，但2009年在政策刺激作用下又急剧反弹，达到8.03的历史最高值，直到2010年随着调控政策的出台，该比值开始出现回落。上述结论基本与国内房地产市场发展情况相适应，因此从全国平均水平的角度出发，该计算方法较为适用。

第四章 滨海新区房价收入比分析

按照第三章的方法及有关统计数据计算，2009～2010年滨海新区的房价收入比达到了21.4和22.4，但该结果与新区房地产市场实际情况明显不符，因此考虑到新区经济社会发展具有自身的特殊性，在研究新区房价收入比情况之前，还应对新区的人口增长、居民收入、住房情况等方面进行分析。

数据统计（滨海新区）

年 份	2009	2010
城镇居民人均可支配收入（元）	24226	26800
城镇人均住房建筑面积（m^2/人）	53.51	56.53
商品房年度成交均价（元/m^2）	9690	10600

（数据来源：滨海新区规国局，滨海新区统计局，天津滨海新区统计年鉴）

（一）新区特点分析

1. 人口情况

近几年，新区的常住人口持续快速增长，已从2007年的172万人急剧增长至2010年的248万人，平均年增长率约为13%，其中常住外来人口增长迅猛，2010年达到124万人，与户籍人口总量持平，年均增幅为28.8%，而户籍人口增长缓慢，年均增幅仅为2.8%。结合新区"十二五"规划纲要制定的GDP发展目标进行预测,到2015年新区常住人口将增长到400万人,其中常住外来人口达到265万人,几乎是户籍人口的2倍,这说明在未来5年户籍人口增长缓慢,而常住外来人口快速增长,将成为新区人口结构主体。

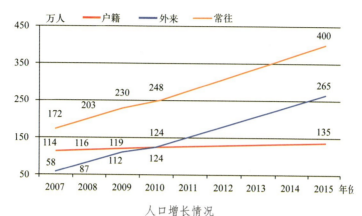

人口增长情况

(数据来源:滨海新区统计局,天津滨海新区统计年鉴,天津市滨海新区国民经济和社会发展第十二个五年规划纲要)

2. 人均建筑面积

2009～2010年,新区的住房存量分别达到了4936万平方米和5540万平方米,按照非农业城镇户籍人口和非农业常住人口为基数计算,2010年的人均建筑面积分别为56.53平方米/人、27.56平方米,结合历年新区人口和住房存量发展情况分析,新区户籍人口的人均住房建筑面积远高于常住外来人口。

人均建筑面积

年份	2009	2010
住房存量(万m^2)	4936	5540
按户籍人口计算(m^2/人)	53.51	56.53
按常住人口计算(m^2/人)	24.22	27.56

(数据来源:滨海新区统计局,天津滨海新区统计年鉴)

3. 购房需求

近几年,外来人口在新区购房的比例呈逐年上升的趋势,2010年外来人口购买商品房的比例占当年总销售面积的36%,而购买二手房的比例则达到了88%。相对于商品房,二手房的面积和单价较低,而且无法解决蓝印户口问题,因此购买二手房多数是刚性需求的体现。

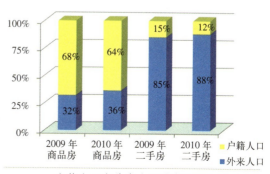

户籍人口和外来人口购房面积比例
(数据来源:滨海新区规国局,滨海新区2010年房地产市场分析报告)

由此可见，新区户籍人口刚性需求较小，其购房需求以改善和投资目的为主，而外来人口刚性需求强烈，将成为未来新区住房需求的主体。

4. 收入情况

2010年，新区各区域、不同行业间的年平均劳动报酬相差较大，最高平均报酬约为最低平均报酬的6倍，因此使用"人均可支配收入"计算房价收入比，一方面难以反

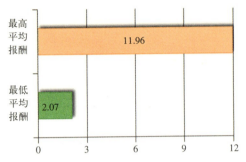

分区域分行业年平均劳动报酬（单位：万元/年）
（数据来源：滨海新区统计局，2010年数据）

映不同收入群体的不同情况，应分组考虑，另一方面，由于人均可支配收入是采用抽样放大的统计方式，而样本支出数据相对准确，收入数据则多有漏项，因而可支配收入普遍被低估，需要调整。

5. 住房价格

以商品房交易单价分析，2010年新区各区域的成交均价极不均衡：开发区最高，约为1.6万元，塘沽、保税和生态城在1.1万元左右，汉沽、大港和高新区最低，仅为六、七千元。因此，反映到单套住房的总价，一方面因为不同区域的住房单价相差明显，另一方面由于不同类型住房的单

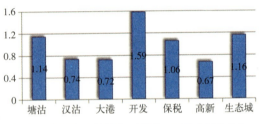

分区域商品房交易均价（单位：万元/平方米）
（数据来源：滨海新区规国局，2010年数据）

套面积差别较大，因此单套住房总价差别巨大，应区分对待。

综合以上五个方面的分析，采用单位面积平均房价、城镇居民人均居住面积和城镇居民人均可支配收入计算房价收入比的方法不适合新区特点，应结合新区不同收入群体的购房能力及意愿等多样化情况，从家庭收入和住房总价两方面进行改进，通过确定合理的房价收入比考核标准，分组考察不同群体的情况。

（二）计算方法改进

1. 家庭收入

按照天津市保障性住房收入准入条件以及2010年新区从业人员年劳动报酬的集中情况对新区从业人员进行分组，同时根据经济学家徐滇庆关于统计收入的分析，对应增加不同的收入调整系数。在计算家庭收入时，按每户就业人口2人考虑。

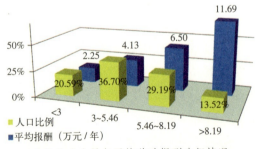

单位从业人员年平均劳动报酬分组情况
（数据来源：滨海新区统计局，2010年数据）

新区从业人员年平均劳动报酬分组（单位：万元/年）

收入组	收入区间	平均报酬	人口比例	调整系数	家庭收入
低收入	小于3	2.25	20.59%	1.0	4.50
中低收入	3～5.46	4.13	36.70%	1.1	9.09
中高收入	5.46～8.19	6.50	29.19%	1.2	15.60
高收入	大于8.19	11.69	13.52%	1.3	30.39

2. 住房总价

综合考虑新区不同住房类型的面积和区域住房价格，选取4个代表性房价针对不同收入群组的购房需求。

住房分组情况

类型	总价（万元）
高档商品房	160
改善型住房	105
基本型住房	75
保障性住房	45

调整后的房价收入比按照不同收入群组对应的住房总价分别除以该组平均家庭年收入进行计算，计算公式如下：

$$PIR = \frac{单套住房总价}{人均劳动报酬 \times 收入调整系数 \times 户均从业人数}$$

房价收入比的考核标准采用以下推导方法确定：

按照首付30%的比例以及购房年均支出不超过年收入30%安全线的原则，选择还贷负担最小的贷款方式，可以推导出合理的房价收入比上限为5.4，同时考虑到收入增长因素，以及新区人均GDP的高水平和新区住房制度改革的初衷和利用住房配套优势吸引人才的目的，选取世界银行调查的高收入国家房价收入比的平均值5.6作为考核标准。

（三）计算结果及分析建议

按照以上公式计算，结果如下：

收入分组	收入区间（万元/年）	平均收入（万元/年）	调整系数	住房总价（万元/套）	PIR
低收入家庭	小于3	2.25	1	45	10.00
中低收入家庭	3～5.46	4.13	1.1	75	8.26
中高收入家庭	5.46～8.19	6.50	1.2	105	6.73
高收入家庭	大于8.19	11.69	1.3	160	5.27
整体PIR加权平均值：7.77>5.6					

1. 低收入家庭：购买保障性住房的房价收入比达到10，说明低收入家庭受到高房价和低收入的双重影响，该组内的最低收入家庭已不具有真正意义上的购房能力，对于户籍人口而言，应结合其住房情况提供租房补贴或公共租赁住房房源，对外来人口则应提供蓝白领公寓和政府公屋；对该组内收入较高且有购房意愿的群体，应提供限价商品住房和定单式限价商品住房房源，并考虑通过采取政府补贴等方式，进一步降低其购房压力。

2. 中低收入家庭：购买基本型住房的房价收入比为8.26，说明购房压力极大，而且该群体因收入限制无法购买保障性住房，属于"游离在保障与市场之外的无能力购房群体"（即"夹心层"群体），其刚性需求难以满足，需要提供政策性住房补充完善保障体系。

3. 中高收入家庭：购买改善型住房的房价收入比为6.73，说明该群体的改善需求受到抑制，建议结合其住房情况，将改善性需求与投资性需求加以区分，通过提供政策性住房释放改善需求，同时达到平抑商品住房房价的目的。

4. 高收入家庭：购买高档商品住房的房价收入比仅为5.27，说明该群体具有很强的支付能力。尤其是该群体中高端部分随着经济实力的增长，对住宅的面积、环境和品质将有更高的要求，而普通商品房已难以满足，因此，本着顺应市场需求、提供多样化选择、满足多层次需求的目的，建议在收取保障房建设费的基础上，适当建设高档商品住房，以吸引投资和高端人才入住新区，同时可以平衡政府土地收益。

将以上各收入群组的房价收入比加权平均后，可以得到2010年新区总体的房价收入比为7.77，高于5.6的合理标准。说明按照去年的情况，新区商品住房价格普遍高于居民的合理承受能力，有必要完善和创新新区的住房保障方式，在确保户籍人口中低收入人群"应保尽保"的基础上，重点解决外来常住人口和户籍人口中"夹心层"的住房问题，做到"低端有保障、中端有供给、高端有市场"，构建政府主导、市场引领，多层次、多渠道、科学普惠的住房供应体系，率先实现小康社会的居住目标。

第五章　房价收入比研究应用

（一）测算"十二五"期间住房建设规模

1. 基本方法

按照《滨海新区深化保障性住房制度改革实施方案》的目标要求，以政策引导的方式，根据不同住房需求群体的收入情况，通过合理的房价收入比取值，确定相应的住房类型和面积标准，同时结合人口增长情况确定"十二五"规划期间的住房建设规模。

2. 测算结果

"十二五"期间住房建设量

住房需求群体	住房类型	建设规模（万平方米）
城镇户籍低收入住房困难家庭； 常住外来低收入就业人口； 新就业人口	公共租赁住房 （含面向已婚家庭的政府公屋）	23
	蓝领公寓 （含建设者之家等住房类型）	303
	白领公寓	176
城镇户籍中低收入住房困难家庭	限价商品住房 （含经济适用住房）	247
常住外来中等收入就业人口； 城镇户籍"夹心层"群体	定单式限价商品住房	977
中高收入群体；外来定居人口	普通商品住房	993
高收入群体	高档商品住房	460
合计		3179

结合前文对新区社会经济发展特点的分析，该方法相对于通常采用估算人均建筑面积增幅乘以人口的方法更加适应新区特点。

（二）测算住房销售指导价格

1. 基本方法

发挥政府主导作用，根据各类购房群体不同的收入、需求情况，对应选择不同的选址、面积等标准，按照合理的房价收入比取值，计算单套住房总价，再结合单套住房面积标准，确定销售指导价格。

2. 测算结果（见下表）

测算结果

住房类型	房价收入比	住房单价（元/平方米）	说　明
限价商品住房	5.6	6500	以小户型为主，将总价控制在45万元左右，解决户籍低收入住房困难家庭基本住房需求。
定单式限价商品住房	5.6	7000	选址在新建片区，通过低地价及政策性优惠措施降低成本，同时以政府为主导完善大型公建及社区中心等配套设施的建设，提倡标准化、人性化、生态化设计，增加选址吸引力，建筑面积控制在90平方米以下，总价控制在65万元左右，满足新区人口快速增长期间，包括"夹心层"在内的新区企事业单位和机关就业人口住房需求。
普通商品住房	5.6	8500	选址相对为"副中心"，建筑面积90平方米左右，总价控制在80万左右，主要解决户籍家庭改善性需求和外来定居人口住房需求。
高档商品住房	5.6	20000	选址在核心区和临海临河等稀缺地段，考虑双拼别墅、洋房等户型，建筑面积144平方米以上，总价300万元以上，满足高收入群体居住和投资需求。

在房地产市场过热时，运用房价收入比法测算政策性住房指导价格，将房价与居民收入挂钩，既有效解决居民住房刚性需求，起到平抑房价的作用，又能确保住房价格的保值增值，维护购房者利益；在房地产市场低迷时，通过采取政府补贴等方式，可以吸引购房群体，树立开发企业信心，维持房地产市场平稳健康发展。

滨海新区保障性住房人群特点与定居意愿研究[1]

第一章 研究目的

成功的住房规划，是在了解、尊重人群特点的基础上，对居住者在空间上的合理引导。人群，是住房规划成功的关键。然而实际工作中，由于新区保障人群特征不清晰、定居意愿不明确，在保障房建设规模、类型比例、配套布局、户型设计的科学规划方面造成一定的困难。针对由于保障人群特征不清晰、定居意愿不明确造成的一系列问题，深入探索新区不同年龄、职业人群的居住心理需求，定位细分新区保障房保障人群，为保障房规模、布局、户型设计等规划方面的工作提供理论支撑，实现新区保障房规划建设的地区化、个性化。

第二章 滨海新区住房保障对象特点分析

一、滨海新区人口特点

滨海新区与传统地区不同，是曾经的盐碱地，经过几代人的努力之后成长为现在的现代制造业和研发转化基地，现由三个老城区塘沽、汉沽、大港地区以及十二个功能区、三个经济区组成，与传统的单中心城市发展规律不同，在一城三片区的基础上构建了多中心、多组团、网络化的空间发展模式。

新区人口也存在一定的特殊性。

首先是外来人口多，滨海新区从11年前的2000年外来

滨海新区空间结构示意

---

[1] 作者简介：翟坤，天津市城市规划设计研究院滨海分院　规划师。

人口占总常住人口不到15%,到2010年年底占总常住人口的50%,实现了跨越性的飞跃增长。

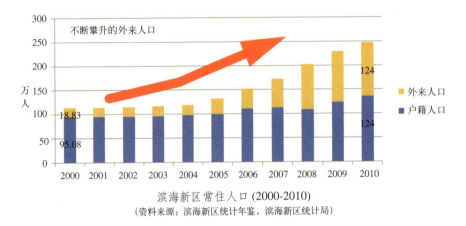

滨海新区常住人口 (2000-2010)
(资料来源:滨海新区统计年鉴,滨海新区统计局)

第二,人口年轻化,根据第六次人口普查,滨海新区16～64岁的人口占了87.95%左右,人口抚养比低,滨海新区人口红利期,即人口机会的窗口将在未来延续10～15年,为当地的产业发展提供了源源不断的人力供应。

第三,滨海新区作为产业重镇,产业工人比较多,形成由少量的精英人才、稳定规模的中高端人才以及大规模产业劳动者的金字塔形的人口结构。

第四,通勤人口多。滨海新区距离中心城区40～45公里,由于老城的公共服务设施较完善、人际关系网络有历史基础,每天超过20万通勤人口往返于双城之间,同时汉沽、塘沽、大港、塘沽等地也存在跨片区通勤的现象,职住分离问题突出。

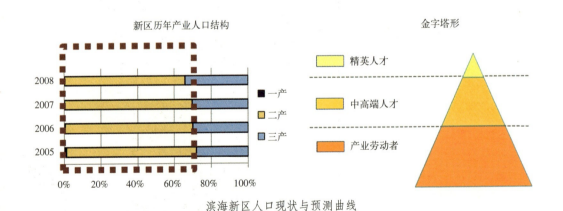

滨海新区人口现状与预测曲线

1. 滨海新区人口发展趋势

根据预测,至2015年滨海新区的常住人口将达到400万人,其中外来人口将达到65%左右,2020年将达到600万人,外来人口将达到70%。外来人口在未来的大规模增加,对住房特别是保障性住房提出了很大的挑战。

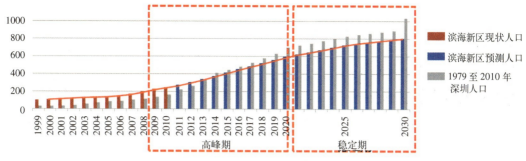

滨海新区人口现状与预测曲线

（资料来源：《滨海新区人口研究（2010）》，《滨海新区城市规模研究（2010）》，《滨海新区总体规划提升（2010-2030）》）

2. 滨海新区居住需求现状

目前新区户籍人口住房困难较少，大多拥有自住房。通勤人口或租赁，或购买，多在居住地解决住房问题。对于外来人口而言，收入较高的外来人口住房通过购买市场上的商品房解决，对于中低收入的外来人口而言，尽管增速快，但由于新区商品房价格较高，造成了一定的购买与住房困难，因此保障房的需求量大多集中于此。

通过分析梳理发现，外来人口居住需求主要由三部分组成：一部分是经济基础好、收入较高的中高收入人群；一部分是没有经济基础的中低收入人群，包括外来务工人员和刚毕业的大学生；另外一部分是有了一部分经济基础的中低人群，出于婚房需求或养育子女而产生的改善房型的需求。

（1）外来务工人员居住特点

在新区工作的外来务工人员主要由传统的外来务工人员和新生代两种人构成。他们的文化水平和年龄成反比，很多一部分来自于农村，平均年收入是 2～5 万元，属于中低收入。

从滨海新区 2011 年 7 月下旬的网上招聘信息来看，目前新区人才市场的招聘主要以机电类、服务类工作为主。其中机修工、电工、操作工等技术类工作中以电子元件操作工市场需求较大，多要求年龄在 18～35 岁之间，综合工资（基本工资+计件工资+奖金）2000～3000 元不等，收入较高的电焊工月工资可达到 2500～5000 元。建筑业则多按天计算工资，每天 100～150 元不等，月工资达到 2000～4500 元。估算滨海新区二产产业工人、传统型三产从业人员收入在 2000～4000 元，主要分布在制造、家政、餐饮等传统二、三产行业。

从居住情况来看，主要分为三种：分别是有组织的集中居住、自发组织的聚居与无组织的个体点式居住。

1）就业单位组织的集中居住。外来人口中集中居住者多为产业工人，主要分为以下三种居住方式：工业园区集居公寓（蓝领公寓）、工地周边的集中安置区（建设者公寓）与企业组织合作的企业租住房，多采用或集宿化的管理办法。

2）自发组织的聚居。部分外来人口因亲缘、地缘或业缘关系而聚集，或因周边就业场所的吸引，自发形成聚居。这类住房往往租金便宜、生活工作条件简陋，居住者多从事传统服务业。

滨海新区外来务工人员居住方式

3）无组织的个体点式居住。这类外来人口通过市场租赁，租住市民闲置的普通住房甚至是违章搭建的简易房。居住人口多为第三产业从业者如保姆、保洁、个体商贩等。

（2）外来新就业职工（新毕业学生）居住特点

研究发现，新就业职工（新毕业学生）的文化水平普遍较高，以大专、本科为主。收入方面呈现了两极分化的趋势，毕业一年左右收入比较低，年收入3～5万元；毕业3年以上根据行业不等，年收入不小于3万。从滨海新区2011年7月下旬的网上招聘信息来看，文员、管理类职务则根据工作需要月收入在2300～5000元。

职业分类多元（文员、设计师、工程师、行政管理、高管），从事产业多元（IT，物流，金融，制造业等）。

他们的居住类型主要分为三种：一是集中居住，包括集居公寓（白领公寓）及集体租住房（企业组织合租）；二是分散居住，包括散租民用房、自购商品房两种方式，以塘沽地区居住为主；三是通勤居住，相当一部分通勤人口由于家庭生活与关系网络以居住地而非就业地为中心，需要每天往返于双城或新区片区之间。这部分人的居住问题主要在中心城区解决。

  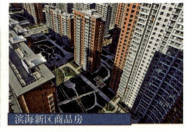

外来新就业职工居住

3. 滨海新区人口发展目标

从国家要求来看，住房和城乡建设部关于城镇住房保障性建设的文件中指出，"新就业职工和常住外来务工人员由于积累少，住房支付能力弱，他们中的一部分租住在地下室、城中村里，住房条件十分困难。这一群体是城镇经济发展的重要力量，帮助他们解决基本居住问题，对促进经济发展和社会稳定十分重要。"温家宝总理到滨海新区视察，也提出了"把滨海新区建设成为科研单位科研人才的向往之地,这才算成功"。这给了新区一个信号,滨海新区应该通过住房保障,把这些科技人员、对新区发展作出贡献的人向本地化转化,增强地区发展动力与活力。

结合国家要求,研究提出了滨海新区的人口发展愿景,即"稳定务工人口规模,引导意愿人口定居,留住新区各类人才"。愿景分为两个阶段实现。

阶段一:2010~2020年,要稳定现有产业及传统服务业就业人口规模,积极引进意愿定居的领军型及潜在中高级人才,为外来务工与新就业职工提供住房保障。

阶段二:2020年后,促进产业传统服务业就业人员向技能型人才转化,巩固提高、转化升级已有住房质量与环境。愿景还提出把滨海新区目前金字塔形的人口结构逐渐转化为梯形的人口结构,使具有博士学历、领军创新型企业家的高级人才不小于20%,本科、硕士学历及小、微企业主的中产阶级占到40%左右,高职、技能工人技能型人才不低于40%的规模。

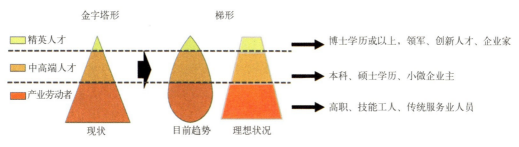

滨海新区人口发展愿景

4.人口生命周期与定居意愿分析

根据人口统计学的观点,人群首次置业的年龄主要集中在25~39岁之间。这一年龄段人口增长较快的国家,其房地产投资和消费都处在相对旺盛的阶段,比如日本在1980~1990年,韩国在1980~1990年以及中国在1998~2007年,都出现了房地产投资和消费高峰。这种经济现象与人类的生命周期有密切的关系。根据调查,人类会在一生中非常接近的时间点上做类似的事情,心理学又称社会时间(Social Clock)。以美国为例,美国人一般20岁左右参加工作、26岁左右选择结婚以及31岁左右购买第一套房产,首次置业的年龄段在25~39岁之间。日本人口分组住宅自有率数据也印证了人口统计学的观点,在1978~1998年的20年里,25岁以下人口组平均住宅自有率为5.6%,而25~39岁人口组平均住宅自有率达到55%。这表明有50%的人口选择在25~39岁之间购买房产,只有23%的人口选择在40~60岁之间购买房产。

因此,本研究在人口目标的指导下,通过生命周期法,叠加不同年龄阶段下、住房需求与住房特点内容,对人口的定居愿望产生时间进行分析。本研究参考我国学制特点、婚龄现状、育龄现状,将生命周期按照求学、就业、结婚、育子、退休的主要人生阶段，划分为0～17岁（未成年）、18～23岁（大专院校求学）、24～34岁（婚龄期）、35～59岁（育龄期）、60岁及以上（退休期）这五个主要的人生周期。

0～17岁阶段属于未成年人，由于经济不独立多与父母同住。在这个阶段仅有居住空间的需求，基本没有额外住房的需求。

18～23岁阶段属于大专院校求学或初入职场阶段。在这个阶段，由于依赖的父母、政府的财政帮助，工作初期经济基础薄弱，多通过学校宿舍，或市场租赁，通过寄宿、合宿的方式解决居住需求，因此，这个阶段的住房标准需求较低，以过渡型、简易型为主。

24～34岁进入婚龄期。在这个阶段的人口面临结婚独立建立组织家庭的压力，对独立的住房有着较高的需求。但由于这个阶段人口比较年轻、事业刚刚起步，经济基础不高，因此对于住房标准的要求要低于对独立居住空间的需求，因此多以90平方米以下的大两室、小三室的小户型为主。

35～59岁进入育龄期。这个年龄阶段的人口多已成立完家庭，事业也处于稳定期，随着子女成长与经济基础的逐渐稳固，这部分人口对于住房产生了改善性要求，不单单对居住面积有提升的要求，而且随着自我价值的不断实现，对于环境、文化、邻里等其他软性条件也有了较高的追求。其中，居住面积的要求多高于90平方米，根据各个家庭的收入情况，对居住面积的需求也各有不同，对于房屋面积的需求基本上达到人生的顶峰。

60岁及以上的人口大部分进入了退休阶段。这部分人口的子女多已长大独立、已婚，有了自己的空间，通常为二人户甚至一人户。随着身体状况、活动能力范围下降，对于住房面积的要求也逐渐降低，而对医疗设施、绿化环境、与子女居所的距离等方面有了较高的要求。很多老年人牺牲住房面积用以换取与子女居住、医院距离较近的住房。

总的来说，通过生命周期分析，一般人群住房意愿产生的时间主要集中在24～34岁与35～59岁两个人生阶段。对于滨海新区这种年轻人口占多数、外来人口规模过半的城市地区，保障性住房的主要任务就是解决这两个年龄段人口的住房需求。

通过生命周期分析意愿产生时间

住房需求链	年龄段	0~17	18~23	24~34	35~59	60+
	人生阶段	与父母同住	就学打工	就业初婚	就业育子	退休空巢
	需求面积	/	/	≤90m²	90~120m²+	≤120m²
	住房目的	寄居	临时	结婚	改善	养老
	主要目标	学习	学习事业	事业婚姻	事业子女	健康休闲

24～34岁的外来人才：事业婚姻为导向
35～59岁的外来人才：事业子女为导向

大部分人在24～34岁及35～59岁会出现较为集中的居住需求，以婚房与改善房为主。

生命周期分析

5. 人口心理特点、定居意愿与住房类型建议

（1）传统外来务工人员

传统外来务工人口，又称"农一代"，教育程度以小学与初中文化为主，他们吃苦耐劳、容易满足，对土地有着较深的感情。他们生活方式接近传统农民，在城市的适应性较弱，年龄大后多由城市返乡，继续进行劳动。

多以城市环卫、绿地、港口劳务、建筑业等传统行业为主，对居住条件关注度低。他们中大多拥有原籍住房，且持续保留原籍住房的意愿较为强烈，而相比在新区的定居意愿较弱。根据滨海新区房管部门统计，这类人群目前较多，至十二五期末占新增就业人口的10%，随着未来产业升级增长速度将逐步放缓。

针对传统外来务工人口，新区提供了建设公寓、蓝领公寓等公共租赁房，重点解决来新区短期打工的外来人口住房的问题。其中对于环卫之家、蓝领公寓采取寄宿化管理，符合了人口临时性、流动性较强的特点；另一方面，蓝领公寓紧邻就业地，方便生活的同时减小体力消耗；胡同、四合院的村落布局模式继承了传统的空间关系，业缘关系通过居住空间上的聚集承载并延续了社会关系，增强了人群的空间归属感，缓解思乡压力。这部分人流动性大，临时性较强，需求规模稳定，不宜扩大这类公寓的规模。

建设公寓

（2）新生代外来务工人口

新生代外来职工人口，又称"农二代"，85、90后，一毕业便入城务工，几乎没有务农经历，多数未婚且拥有较高的教育水平与职业期望，对于城市有依赖感和归属感，但他们却经历着更加显著的城乡分裂，更大的收入不平等，更深刻的社会排斥，以及承受着更多的焦虑：一是家乡回不去了，新生代外来务工人员大多不会从事农业生产，不愿意返回农村生活；二是农村的土地目前也在流失，回家也可能面临着失地的困境。因此怎么解决他们的住房问题，是一个很大的挑战。

调查问卷结果显示，调查对象中超过一半的新生代外来务工人员希望能够在新区定

居，对于他们而言，就业便利、生活成本低是影响择居的主要因素。根据滨海新区房管部门统计，这部分人具有较强的定居愿望以及融入滨海新区的渴望，到十二五期末，他们将占新增就业人口的52%，但由于经济因素的制约，他们的居住愿望暂时得不到满足。

本研究建议，对新生代外来务工人口主要提供蓝领公寓。蓝领公寓多紧邻人口就业地，人均建筑面积10平方米以下。蓝领公寓的商业、文化、体育等服务配套设施可满足单身外来务工人员的基本居住需求，以企业为单位的形式进行寄宿化的管理，提高人口管理的效率与安全。值得注意的是，蓝领公寓在短期内可以缓解目标人群的居住困难，但不宜长期作为居住的定所，由于这部分人的定居意愿非常强，应该尊重这部分人的定居意愿提供相应的保障住房的产品，把这部分具有一定技能的人口引导转化为滨海新区的定居人口。

（3）外来白领（事业初期）

外来白领事业初期是新毕业的大学生，新入职的大学生，被称为"城漂一族"或"蚁族"，属于漂在城市里的外来知识阶层，他们或已有职业，或在寻找发展机遇，尚未扎根。他们中的单身年轻人居多，具有较高的学历与素质，但由于远离家乡、尚无居所，因此存在一种过客心理。

他们多就职于新区生产与生活性服务业，由于具备一定学历能力水平且年龄较轻，对未来的发展持有一定的信心。他们多具有乐观积极的生活态度，具有较强的定居意愿和定居潜力，适应城市的生活。根据滨海新区房管部门统计，这部分人目前在新区基数较小，但增长速度较快，至十二五期末，约占新增就业人口的18%。

对于这部分外来白领技术人员提供白领公寓，重点解决外来新就职人口，包括以新毕业学生为主的住房问题。白领公寓的服务设施相对于蓝领公寓更完善，有单人间和多人间，虽然环境优雅、装修简洁，但其仍是具有过渡性质的公共租赁房。与蓝领公寓类似，白领公寓提供临时性、过渡性的居住空间，不宜采用过于豪华的设计建设标准及过大的建设规模。

白领公寓

(4) 外来白领（事业发展）

外来白领（事业发展）特指成长后的新毕业生与已取得一定成就的外来人口。他们事业稳定具有一定经济基础与社会地位，具有自我激励的思维方式，以自我提升与事业拓展为导向，住房基本需求已解决，出现改善型需求。另外，他们对文化与精神生活、社会氛围等社会软性环境有较高的要求。

他们多就职于新区生产型服务业或管理岗位，生活稳定且多已解决基本住房问题，生活品质、子女的教育环境等是他们主要的择居因素。根据滨海新区房管部门统计，这类人群目前基数稳定增长平稳，至十二五期末占新增人口的20%。

新区针对这部分人提供定单式的限价商品房，重点解决来新区就业的有一定经济基础、中高级人才的住房问题。定单式限价商品房针对结婚与住房改善两大居住意愿，针对有定居意向、对居住条件与环境有一定要求，不愿意居住在过渡型住房却又无力购买商品房的外来夹心层人群，提供居住条件较好、生活环境优良、拥有多种户型选择的政策性住房产品。

研究认为，定单式限价商品房介于公共租赁房与商品房之间，通过政策主导、市场运作，将有技术能力、有意愿定居的外来人口转化为新区常住人口的重要政策性住房。其满足人口定居、生活改善的双重要求，尊重我国习惯购房置业的文化特点，在提供政策扶植的同时鼓励奋斗，是人口向上流动的载体，宜作为政府保障房供应的主体。

定单式限价商品房

6. 滨海新区保障房流动链模式

结合人生周期及住房需求分析，针对滨海新区外来人口多、年轻人多的人口特点，研究提出构建以人生阶段需求主导的、动态的保障性供应流动链。例如：对于经济基础薄弱、流动性较强的大学毕业生及外来务工人口来说，可临时租住公屋或蓝白领公寓（包括建设者公寓、园林之家等）；对于有定居意愿的外来人口，企业入职3～5年后具备一定经济基础，可在各种政策的保障下购买定单式限价房，完成人生首要的结婚定居阶段。经过3～5年的积累，对于已经有了一定的经济基础，已生育子女、希望改善生活环境的外来人口来说，通过提供定单式限价商品房完成人生的第二阶段，即生活改善的阶段，形成动态流动、应保尽保的滨海新区保障房流动链模式。

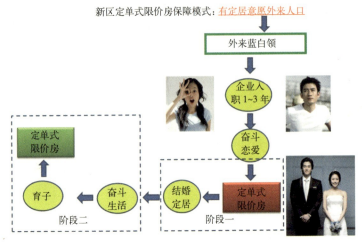

新区定单式限价房保障模式

7. 滨海新区保障性住房服务人群及需求总结

通过人群与保障性住房种类的交叉研究，提出全覆盖的人口合理保障。总的来说，对于外来独居的传统型外来务工人员提供人均住房面积5平方米左右的建设者之家、环卫之家等公寓。对于新生代外来务工人员提供10平方米左右的蓝领公寓。对于外来新毕业学生提供25平方米左右的白领公寓。上述住房供应主要满足过渡型住房的需求。对于有定居意愿的外来人口分别提供定单式限价房为主的政策性住房；对于户籍人口提供普通限价房；对于具有改善居住条件的人口来说提供普通商品房和高档商品房；对于住房产品不能覆盖到的人群主要通过市场租赁房解决，通过高、中、低三种租赁房对于不同收入人群的住房供应进行有效补充，通过政府引导、市场运作、住房保障的多层次运用，实现应保尽保的住房保障目标。

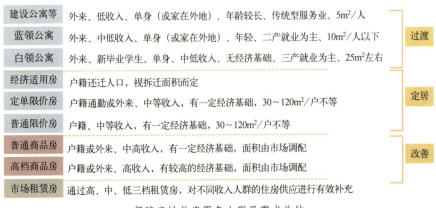

保障房性住房服务人群及需求总结

滨海新区定单式限价商品住房房型研究[1]

第一章 绪 论

定单式限价商品房作为新区住房改革中政策性住房的一种形式,主要解决来新区就业的外来常住人口的住房需求,是新区创造良好招商引资环境、提升整体竞争力的重要举措。为实现定单式限价商品房高水平规划建设,确保户型设计科学合理、功能设计针对性强,体现高品质的建筑文化,从而能够持续深入地指导今后的规划设计工作,特开展了定单式限价商品房的房型设计研究。

第二章 案例研究

一、新加坡、日本、中国香港户型案例分析

发达地区的保障性住房规划建设历史较长,其先进的规划理念、人性化的设计原则、鲜明的地域特点具有较强的指导意义。本章通过参考日本、新加坡、中国香港的保障房设计,学习其规划方法与设计思路。

(一)新加坡组屋模式

1. 新加坡组屋概况

新加坡自 1960 年以来,经过 50 年的发展形成了"组屋"式的保障房体系,其高福利性、高计划性的特点保障了 80% 以上的人口享受到政府提供的住房福利。新加坡组屋是新加坡政府利用公积金制度,通过新加坡建屋局的统一规划、设计和建造,向中低收入人群提供的可租可售的保障性住房。组屋按照房型面积分为一房式、二房式、三房式、四房式及四房式以上,其中 3 房式及以上房型只能购买不能租售。严格的分配制度对购房者的公民身份、房产情况、收入、家庭结构有着严格规定;封闭的组屋市场交易模式也确保了商品房市场与保障房市场供应与价格的互不干扰。

2. 新加坡组屋房型特点

新加坡组屋的房型设计随着社会经济发展和人民生活水平的提高而不断完善。从 20

---

[1] 作者简介:王大娜,天津市渤海规划设计院 规划师。

世纪60年代实行"居者有其屋计划"至20世纪70年代,新加坡的组屋户型多为一房式、二房式和三房式。1977年以后住宅质量及配套水平逐步提高,20世纪80年代中期,各类面积标准的房型逐步定型并形成标准化模式,建造过程也普遍采用装配化的模式以保障质量和施工速度。20世纪90年代的"优质组屋"、"设计与建造组屋"等概念提出后,组屋规划与设计质量都得到了大幅提高。进入21世纪后,随着人口快速增长,新加坡大力推行"热带花园城市"的发展理念,在此背景下,组屋向高层和超高层发展,例如2009年建成的达士领组屋全部超过50层。

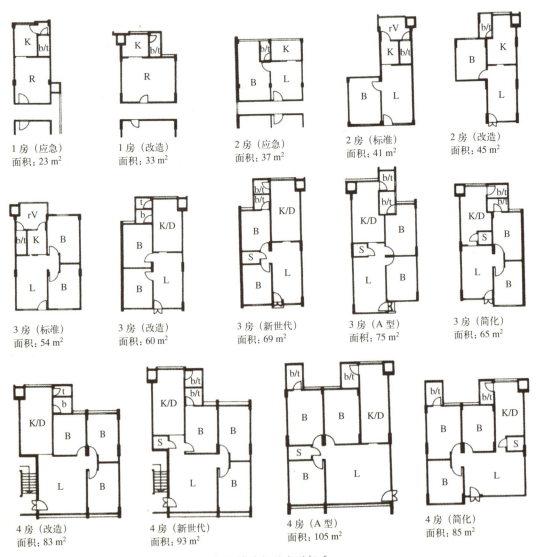

新加坡的组屋户型标准

通过分析,新加坡的典型组屋户型具有以下特点:(1)基本功能完善,生活需求可以得到满足;(2)功能分区明确,公共空间与私密空间之间少有穿插;(3)入户门临近厨房,清洁且便捷;(4)厅和卧室的阳台都很大,可以使房间较大幅度的向外延伸;(5)厨卫相邻布置,便于组织竖向管线。

与我国北方住宅户型相比较,由于气候与生活习惯的差异,新加坡的典型组屋住宅注重通风不注重朝向;厨房面积大,例如在两房式房型中,厨房的面积和厅的面积相差不多;另外新加坡组屋的储藏室又称防空壕,是经过特别加固设计的民防建筑单元,不能有任何改动的,包括门、墙、通风孔,另外组屋的水管和电线都不能暗埋处理。

(二)日本公共住宅

1.日本集合住宅概况

在日本社会保障性住房供应体系中,公共住宅可分为公营住宅、公团住宅两种方式。公营住宅是由地方政府作为提供主体,用低廉的租金租赁给低收入家庭和特困阶层家庭。公团住宅则以国家中央政府为主体,主要面向大都市区的中等收入者提供的可租、可售的住房。

日本集合住宅是公营住宅和公团住宅的主要建设模式,由于地少人多,物资短缺,长期以来在住宅建设方面坚持小面积、适用舒适的理念,1951年以后每年都要推出标准化的设计。集合住宅长期开展对居住行为方式和家庭人口结构的研究,把"食寝分离"、"就寝分离""干湿分离"和"公私分离"的理念融入了标准设计。除市中心的部分高层住宅外,多以低层和多层为主,呈现低层高密度的特征。住宅住户的基本家庭结构为2~3口人的核心家庭模式,因此,三室户是目前集合住宅的主流户型。

日本集合住宅户型建立了nLDK型套型设计模式,由n个卧室和起居室(Living room)及餐室(Dinning room)、厨房(Kitchen)等空间组成,从而确立了公团小面积住宅的标准模式,推动小面积住宅的研究进入精细化阶段。nLDK的概念和设计手法在相当长的时期内几乎是日本集合住宅的唯一形式,其发展可分为四个阶段。

第一个阶段是住宅标准设计发展的初期,代表房型为1951年的公营住宅标准设计51C型,其扩大厨房面积、设置兼用餐的餐厨合用间(DK)的特征实现了"食寝分离",具有划时代的意义。51C型是战后贫困期的产物,建筑面积只有40平方米,因有两室及餐厨间(DK),又被称为2DK。

第二个阶段为日本住宅标准设计的成长期,从1953年前后LDK型方案的提出开始,以及后来理论上和技术上的较快发展,一直到1963年公团完成了标准设计的系列化。在这个阶段,集合住宅普及了钢筋

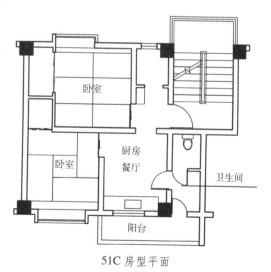

51C房型平面

混凝土住宅技术,促进了全国居住水平的均等化发展,同时节省设计力量进而转向其他方面的研究。尽管住宅的标准化设计与建设降低造价、节约材料和能源,便于普及,然而也造成了住宅的千篇一律和刻板化。

第三个阶段是日本住宅标准设计的成熟期,自1965年起制定了住宅建设五年计划,持续到1985年。

第四个阶段从20世纪80年代后期开始,随着东京发展为世界金融市场的重要组成,人口快速集聚,土地增值迅速,东京重新开始了高层、超高层住宅建设的高潮。

2. 日本住宅户型特点总结

日本住宅室内空间采用模数设计,产业化程度很高;另外大进深户型的设计手法利于节约土地,适用于地少人多的地区。

LDK 房型平面

经过分析,日本住宅典型户型具有以下几个空间特点:首先,日本住宅重视空间的流动性和视线的贯通性,住宅内极少设计交通空间,以玄关作为过渡提高空间利用率,同时采用框架结构,室内轻质隔墙、推拉门与壁柜等储藏空间结合设置的方法,使室内空间得到灵活充分利用。其次,在空间组织上餐厨相连、餐起相通,厨房与餐厅位于套内核心部位,可无自然采光,是套内最主要的公共空间。第三,卫生间常按使用功能分为洗浴、化妆、如厕三个独立空间。第四,储藏空间丰富、设置位置考虑周到、分类明确。由于日本的建筑法规规定1.4平方米以下房间不算建筑面积,不能进人但可作为储物间使用,因此储藏空间丰富,实现分类储藏。

典型日本住宅户型

(三)中国香港公屋模式

1. 中国香港公屋概况

公营房屋是香港保障性房屋的总称,包括用于出租的公屋和用于出售的居屋。经过五十余年的探索、发展、完善，公营房屋的发展在其设计演进中得到了集中的体现。

在20世纪70年代中期以前，出租公屋"廉租屋"经历了由第1型至第6型的发展演变。

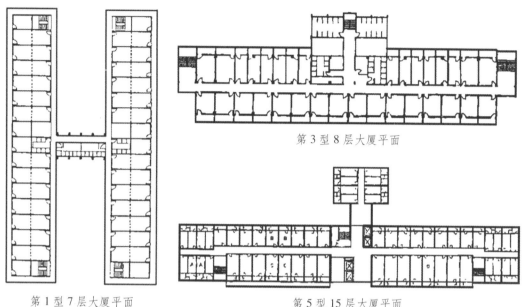

第1型7层大厦平面　　　　　　　　第3型8层大厦平面

第5型15层大厦平面

20世纪70～80年代，"居屋"则经历了双塔式、新H形、新长形、Y形、十字形、新塔式、新十字形等若干形式，单位面积和设施水平逐步提升，建筑层数也发展到35层上下。

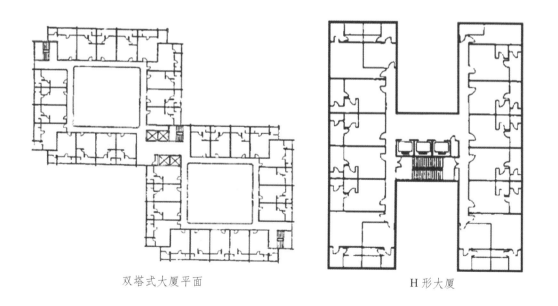

双塔式大厦平面　　　　　　　　　　H形大厦

新标准租住公屋的演变，主要特点是在居室和厨厕等空间标准面积的基础上，采用标准构件与尺寸互相配合的模数化平面组合。代表形式为1989年以后出现的和谐式公屋和康和式公屋。

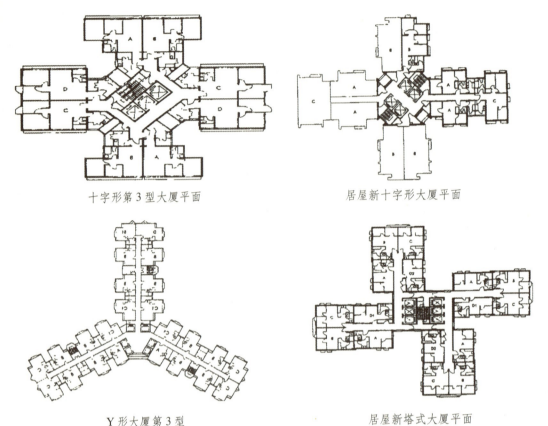

十字形第 3 型大厦平面　　　　　　居屋新十字形大厦平面

Y 形大厦第 3 型　　　　　　　居屋新塔式大厦平面

和谐式公屋以"模块"作为组织住宅空间的基本单位。住宅空间包括四种基本模块，由一个"核模块"和三个附加模块组成。通过这些模块的不同组合，可以形成系列化、多样化的套型。

康和式公屋在和谐式公屋的基础上改进，保持了标准化、模式化的特点，在建造中大量使用预制构件，在面积标准上有所提高，分为两居室套型（使用面积 46 平方米）和三居室套型（使用面积 60 平方米）。所有的三居室套型都设附属主卧室的卫生间。在套型布局上，空间动、静分区，功能合理配置。

2. 中国香港住宅户型特点总结

中国香港地区的住宅户型具有标准化、模式化的特点，利于工业化建造和建筑品质的控制。另外，尽管户型面积较小，但"麻雀虽小，五脏俱全"，在香港 93 平方米就有"千尺豪宅"的说法；单体平面组合多样化，通过基本套型的不同组合，产生形式多样化的建筑单体平面。由于香港住宅普遍层数较高，不是很重视建筑立面的设计；受气候常年温暖影响，因此套型更重视景观而非朝向。

与我国北方住宅户型相比，由于经济水平、风俗习惯、城市环境等因素，户型居室的面积有很大差别。例如，香港住宅两室户型面积在 70~85 平方米，而天津两室户型面积在 90~100 平方米，沈阳两室两厅房型面积则在 90~110 平方米。在我国北方由于气候条件以及居住观念的沿承，强调"坐北朝南"，主卧和起居室最好南向；而香港住宅户型不强调朝向。另外，香港住宅单体平面组合多样化，外形较复杂，凸凹口较多，不同于我国北方对冬季保暖节能的考虑。

和谐式公屋模块　　　　　　　和谐式组合套型（上两图）和一居室套型

二、我国现状城市住宅的主要问题

改革开放 30 多年来，我国住宅户型的设计水平得到了迅速提高，但现在住房市场也存在着诸多问题。

第一，住宅的开发和设计阶段对居住需求的细致研究还不到位，大多数套型只具备功能性房间，而缺失对生活细节的研究，最终导致生活品质的缺失。例如套内储藏空间不足、入户无玄关、套型大而不当、即使两个卫生间都不能妥善解决洗浴、如厕、洗衣的使用及公私有别的问题。

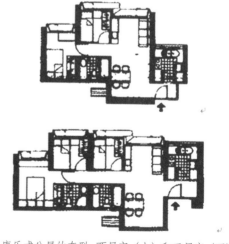

康乐式公屋的套型：两居室（上）和三居室（下）

第二，粗放型的设计以及粗放型的建造带来众多问题。住户在"毛坯房"的装修过程中不仅耗时耗力，而且存在对建筑结构破坏、施工危险、邻里干扰、装修质量难保证、建筑材料浪费等问题，不但浪费社会资源，而且影响社会环境。

第三，目前我国关于标准化的相关法规和政策尚不够完善，住宅设施设备的标准化程度普遍较低。

三、户型研究——以新区定单式限价商品住房户型设计研究为例

以天津市滨海新区定单式限价商品住房户型设计研究为例，分别从设计原则、功能设计展开研究，提出多样化的户型设计方案。

（一）设计原则

第一，舒适性。居住功能的舒适性是户型设计需要首先考虑的，在设计中应避免单纯为了追求减小建筑面宽、加大进深而丧失使用的舒适性。

第二，适用性。注重住宅的地域性和时代特征，应对自然环境、生活习惯和使用者的心理感受等方面予以考虑。考虑外来常住人口家庭结构的发展趋势，户型设计要适应不同家庭结构的住户居住需求，从单身家庭、两口之家到三口之家、四口之家等都要有相应考虑。另外，一居室、两居室、三居室套型的比例应合理，户型可进行相应调整。

第三，文化性。人创造环境，同时环境也塑造人，促进良好居住行为的养成。住宅文化在户型设计上一方面体现为户型方案的"精细设计"和"深度设计"，提升住宅功能；另一方面则体现于居住文化，包括绿色生态材料的应用、考虑邻居的交往的公共空间，构建具有文化底蕴的建筑造型。

第四，经济性。户型设计不仅考虑建造的经济性更要考虑运营的经济性。房间面积要合理，避免大而不当，合理减小户内交通空间面积和户型公摊面积，既不奢华浪费也避免简陋粗糙。

（二）功能设计

户型功能设计应结合地方特征和时代特点，建造符合人体工效、促进良好起居习惯及居住文化的精良户型，从以下四方面体现：

第一，住宅应具备六大基本功能，即起居、餐食、洗浴、就寝、工作学习、储藏。经过借鉴研究，建议起居室面积达到14～17平方米，承担起居、会客、娱乐等功能；厨房面积不小于6平方米、餐厅区域面积5～8平方米；卫生间不小于4平方米，承担洗浴、如厕、洗衣、晾晒等功能；卧室面积达到8～14平方米；书房达到5～8平方米；储藏空间达到1～3平方米。

第二，实现合理的功能分区、和谐的空间关系，做到公私分区、动静分区、洁污分区。厨房、餐厅和起居室作为主要活动区应相对集中布置；卧室、卫生间、书房、洗衣整理等多个功能相对集中布置、流线清晰。

第三，实现较高的舒适与便捷程度。起居室、居室要朝阳设计、厨卫的全明设计、

洗衣晾晒要朝阳设计、入口玄关、合理的储藏空间等。

第四，体现住宅文化。设计入口玄关过渡空间，保障入户后所购物品可通过门厅方便进入厨房；客厅阳台与晾晒服务阳台分别设置；餐厅相对隐蔽，考虑垃圾集中收集的可能性；采用精装修，避免二次拆改的浪费行为。

(三) 指导户型

家庭规模大小和成员间关系决定了不同类型的户型空间要求，统筹考虑居住需求并分析归纳，将定单式限价商品房型分为一居室、小两居室、大两居室、三居室四类户型，并提出户型设计方案。

一居室户型

一居室户型的玄关由屏风和鞋柜界定，从使用上讲，交通、停留、储藏、换鞋等需求均显局促，但基本上实现了玄关室内外过渡空间的作用；起居室餐厅合并设置，起居和餐厅都有相对完整的墙面供家居布置；卧室能布置1.8米×2.0米的床和0.6米×1.8米的储物柜，很好地满足了休息和储藏的功能需求；厨房冰箱布置其中，根据洗、切、烹的操作流程进行厨具布置，合理设置储物、置物、操作等空间；卫生间采用了"卫生间+晾衣阳台"的新模式设计。

一居室户型的优点是面积小、功能布置紧凑，在小面积的前提下，尽量实现了玄关、储藏、起居、餐厅、卫生间、晾衣阳台等体现居住品质的功能设计；厨房和卫生间进行了标准化设计。其不足体现在玄关空间略显局促，整套房型由于面积小，缺少工作学习的独立空间。这个户型适用于两口之家，但对于刚成家的年轻夫妇来说，比较难适应即将到来的家庭结构变化所产生的使用需求的变化。

小两居室户型图

小两居室玄关空间不够独立和完整，勉强实现室内外过渡空间的功能；起居室餐起合并设置，但可以通过空间的软分隔布置餐厅和起居室；卧室采用小套型住宅，卧室的复合功能得到了体现，大卧室兼具休息和储藏功能，小卧室兼具休息和工作学习功能；厨房冰箱布置其中，根据洗、切、烹的造作流程进行厨具布置，合理设置储物、置物、操作等空间。

小两居室户型的优点是面积小，功能布置紧凑，在小面积的前提下，尽量实现了储藏、起居、餐厅，卫生间、晾衣阳台等体现居住品质的功能设计；厨房和卫生间进行了标准化设计；小两室的户型基本上满足家庭结构变化所产生的使用需求的变化。不足体现在玄关和餐厅空间上有些干扰；起居室面积较小，不能放置长度过大的沙发。

大两居室玄关空间独立、完整，很好地实现了室内外过渡空间的功能，并可方便的与厨房联系；起居室房间尺度舒适合理，使起居室的起居和待客功能可以得到很好的发挥；卧室包括两个卧室和一可变房间，大卧室兼休息和储藏功能，小卧室兼休息和工作学习功能；厨房、卫生间的设计理念与一居室类似。

大两居室的优点是适于2～4（5）口人居住，可供不同结构的家庭根据自己的需求居住；厨房和卫生间进行了标准化设计；其不足体现在当居住个数增加，居住人数随之增加，一个卫生间需承担便溺、洗浴、盥洗、家务的种种功能，使用率增加，在一定程度上降低了舒适度。

大两居室户型图 1

大两居室户型图 2

大两居室户的玄关面积增大，功能更完善；起居室房间尺度舒适合理，使起居室的起居和待客功能可以得到很好的发挥；卧室由两个卧室和一可变房间组成，大卧室兼休息和储藏功能，小卧室兼休息和工作学习功能；厨房、卫生间设计理念与之前户型类似。

大两居室户适于 2～5 口人居住，可供不同结构的家庭根据自己的需求居住；厨房和卫生间进行了标准化设计；其不足之处是与大两居户型 1 类似，由于使用率的增加，舒适度会有所降低。

三居室户型图

三居室的玄关空间独立、完整，很好地实现了室内外过渡空间的功能，并可方便的与厨房联系；起居室和餐厅空间灵活，可根据不同需求进行可变设计；卧室包括两个卧室和书房，可根据不同的家庭结构产生不同的居住模式，灵活性和适用型较高。厨房和户型配套厨房的面积也有所增大，卫生间设计理念与其他户型一致。

三居室的优点在于适于 2～6 口人居住，可供不同结构的家庭根据自己的需求居住；厨房和卫生间进行了标准化设计；主卧有专用卫生间，提高了卫生间使用的舒适度。

本次指导户型应用年限为 2011～2015 年，2015 年根据建设经验和形势变化进行修改后重新送审。

第三章　住宅标准的研究

一、面积标准与设施标准

（一）面积标准

本次研究确定四种房型面积标准为：套内面积分别为 45m² 以下、60m² 以下、75m² 以下及 90m² 以下。

详见如下功能设置表。

房间功能设置表

	45m²	60 m²	75 m²	90 m²
主卧	✓	✓	✓	✓
次卧	○	✓	✓	✓
客厅	✓	✓	✓	✓
厨房	✓	✓	✓	✓
卫生间	✓	✓	✓	✓
专用卫生间	—	—	○	✓
餐厅	—	○	○	✓
生活阳台	✓	✓	✓	✓
书房	—	○	○	✓
储藏	—	○	✓	✓
玄关	✓	✓	✓	✓
洗衣、晾晒阳台	✓	✓	✓	✓

注：✓为必须具备，○为尽量具备，—为少数房间合并设置，如餐厅与起居室合并、厨房与餐厅合并、书房与餐厅共用、书房与卧室共用等。

（二）设施标准

按照环保、耐用、经济的原则，装修一次到位，尽量避免二次拆改或是减小二次拆改量。

房间装修或选材要求

序号	部件	装修或选材要求
1	单元门	钢制电控防盗门
2	户门	钢制保温防盗门（传热系数经节能设计确定）
3	室内门	实木复合门
4	外窗	中空玻璃塑钢窗（传热系数经节能设计确定）
5	阳台	门窗：普通塑钢窗；墙面：水性内墙耐擦洗环保涂料；地面：防滑地砖、石塑地板、石英地板；顶棚：水性内墙耐擦洗环保涂料并配置晾衣竿
6	起居室、卧室、书房	墙面、顶棚：内墙腻子、水性内墙耐擦洗环保涂料，窗帘杆：简装配置；窗台：水泥刷环保涂料或贴面砖；地面、踢脚：住户提前参与设计，采用防滑地砖、复合地板、实木地板
7	厨房	地面：防滑地砖；墙面：贴瓷砖到顶；顶棚：铝扣板吊顶、配吸顶灯；配备整体橱柜、灶具、排烟机、洗菜盆、节水型龙头、冰箱位预留
8	卫生间、洗衣阳台	地面：防滑地砖；墙面：贴瓷砖到顶；天棚：铝扣板吊顶、配吸顶灯、排风扇；配备洗面盆、盥洗镜、节水坐便器、节水型淋浴喷头；洗衣阳台设置晾衣竿及熨衣板，洗衣机位预留
9	空调室外机托板	结合立面统一设计
10	首层窗防盗栏	金属防盗护栏

注：业主可以提前介入设计，确定几类不同档次和风格的装修标准，供用户选择。

二、各个功能空间的尺度确定

结合国内外对于住宅的空间尺度的相关研究，从家具布置的角度来讨论各个功能用房所需的最小面积。

起居室、主卧（双人卧）、次主卧（双人卧）、次卧（单人卧）的平面尺寸应综合考虑面积、形状、门窗位置、家具尺寸及使用特点等因素，并能充分发挥各房间的使用效能。

厨房的作业流程为食品储藏→准备→洗涤→调理→烹饪→配餐，因此，对应的厨房家具及用品为冰箱→台面（米面储藏）→洗槽→菜台（调味器具）→炊具调理→餐具（抹布）。厨房面积控制在不小于 $6m^2$（详见厨房精细化设计）。

卫生间的人体活动包括梳妆、整衣、洗脸、便溺、洗脚净身、淋浴等，空间除了洁具的尺寸外，还有人体工效学确定的人体活动空间。卫生间面积不小于 $4m^2$（详见卫生间精细化设计）。

套外辅助空间设计消防、疏散、无障碍、设备管井等问题，需经过仔细推敲整合设计出满足规范要求的紧凑空间，以降低套型的公摊面积。

三、厨房和卫生间的精细化设计

据调查显示，有 50% 的市民认为厨房空间设计不合理，原因包括空间没有有效的利用，厨房管线接口不标准、不规范；有 30% 以上的住户认为厨房排烟不畅、有串味现象，电源插销位置不当；有 20% 以上的住户认为燃气管道设计不合理影响操作。另外，由于目前国内同一品牌、不同型号的电器尺寸多种多样，不同品牌电器尺寸也相差较大，缺乏互换性，不利于住宅功能空间的标准化利用。针对上述问题，统一考虑电器及设施尺寸，对厨房与洗手间提出设计原则。

（一）厨房设计原则

为实现住宅的工业化生产，厨房采用标准化整体设计，并提出以下设计原则：鉴于厨房空间紧凑，暂考虑地采暖设计；平面布置须考虑冰箱、洗菜盆、燃气炉灶、抽油烟机四大件，消毒碗柜、微波炉适当考虑预留空间；厨房考虑置物平台，厨房布置需考虑开窗取物的可行性；厨房涉及的给水管、水表、电表、热量表均布置在户外集中管道井内，只考虑燃气表置于厨房内；各种管道（排水立管、燃气管、排烟道）协调统一、尽量集中布置；炉灶不能布置在电冰箱旁边；距离冰箱≥600mm；热水供应系统根据热源形式可采用太阳能热水器、电热水器、燃气热水器，有条件应优先采用太阳能热水器，本次设计按电热水器考虑；各种管线接口实现定线定位；燃气管宜靠近外墙设置，并应考虑煤气表设置位置；排水立管宜靠近水盆设置，保证其他橱柜的完整性，并考虑管道的固定和后期封装；电气设计，电源插座回路应设漏电保护装置，并应采用安全型插座，照明开关宜设置在厨房门外。

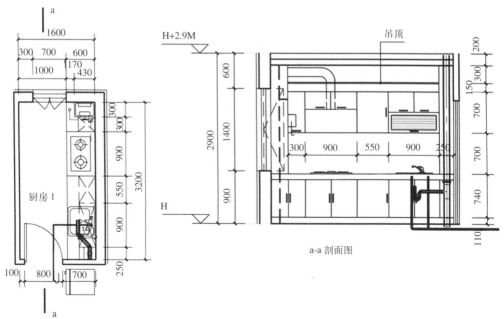

厨房 1（5.12m²）1600×3200

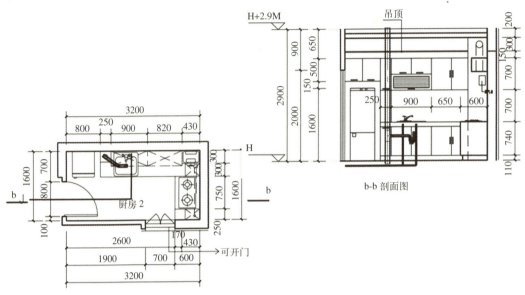

厨房 2 （5.12m^2） 1600×3200

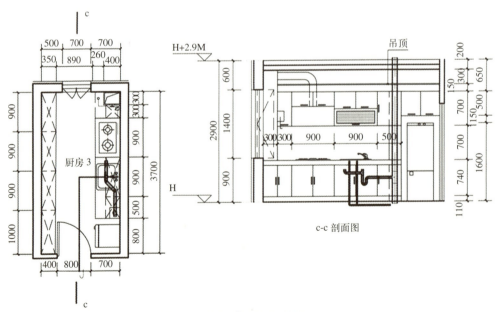

厨房 3 （7.03m^2） 1900×3700

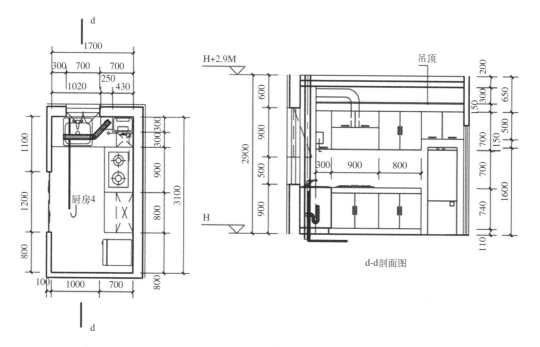

厨房4（5.27m²）1700×3100

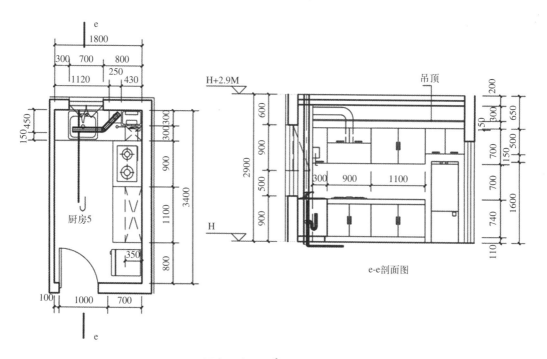

厨房5（6.12m²）1800×3400

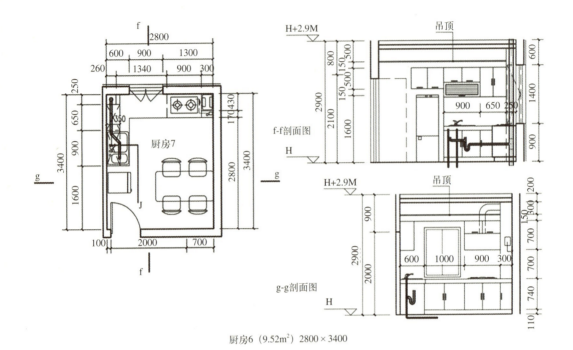

厨房6（9.52m²）2800×3400

(二) 卫生间设计原则

为实现住宅的工业化生产，卫生间采用标准化整体设计，并提出以下设计原则：采用同层排水方式，卫生间污废分流；给水管、中水管和热水管均埋设于装饰面层以下的水泥砂浆结合，层内和墙体内，暗装，分配到各用水点，各用水点处均加阀门控制。

注：（1）本次图排水采用污废分流，对应的室外工程时亦应污废分流，建议增设通气管。适用于采用污废分流，废水制备中水回用的小区。当无此条件时，不建议采用。建议增设通气管。由于建筑层数的问题，当采用污废合流时，排水的两根立管有一根为通气管。

（2）给水埋入垫层要注意管材选用问题。建议给水采用分水器（垫层内为单根管，无接头）或在卫生间顶部敷设，采用PEX给水管材。

（3）卫生间等同层排水的房间要设上下两道防水层：一道防止地面水渗入垫层，一道防止垫层内的积水漏至楼下房间。

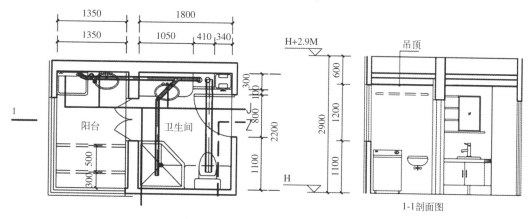

卫生间 + 阳台 1（3.96m²）1800×2200

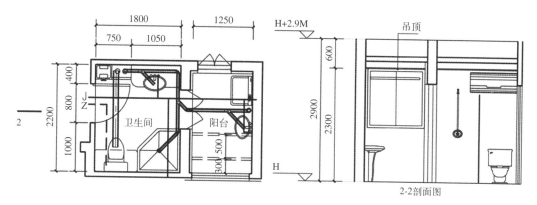

卫生间 + 阳台 2（3.96m²）1800×2200

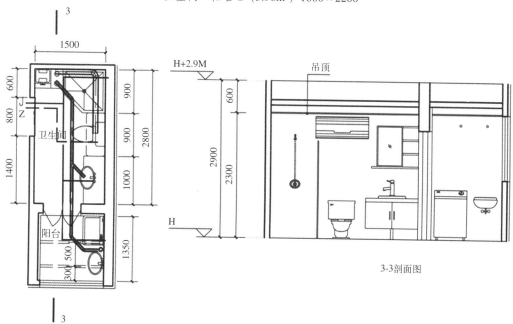

卫生间 + 阳台 3（4.2m²）1500×2800

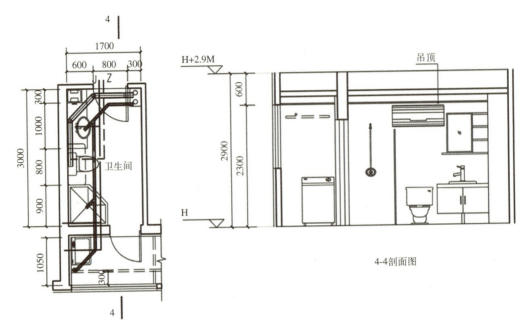

卫生间+阳台4（5.1m²）1700×3000

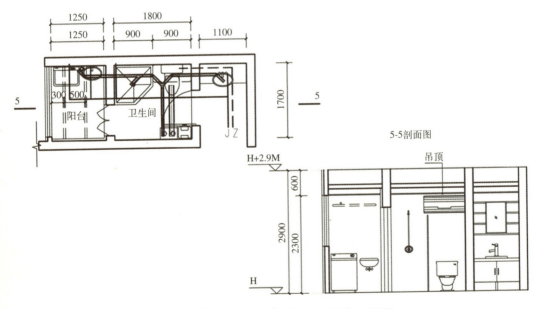

卫生间+阳台5（4.93m²）（1800+1100）×1700

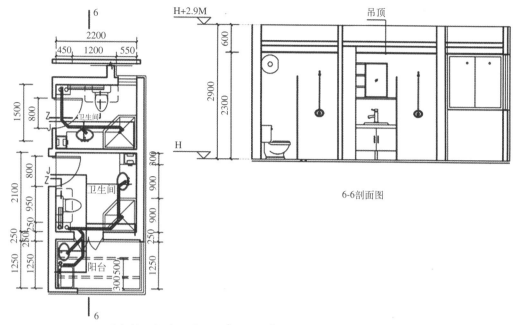

卫生间+阳台6（4.62m²、3.74m²）2200×2100、2200×1700

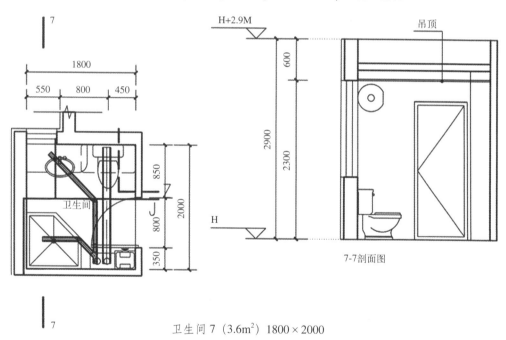

卫生间7（3.6m²）1800×2000

四、室内空间的利用

可变性是住宅居住空间的基本要求，家庭结构、家庭生命周期、居民职业特征、居住生活模式影响着住宅空间的不同要求。实现空间的可变有两种方式，一种是承重支撑体方式，一种是套型可分体方式。承重支撑体为住宅的主体框架，包括外围护结构、水平与垂直交通联系、分户墙及户内不可移动部分。以下是几个承重支撑体方式的案例：

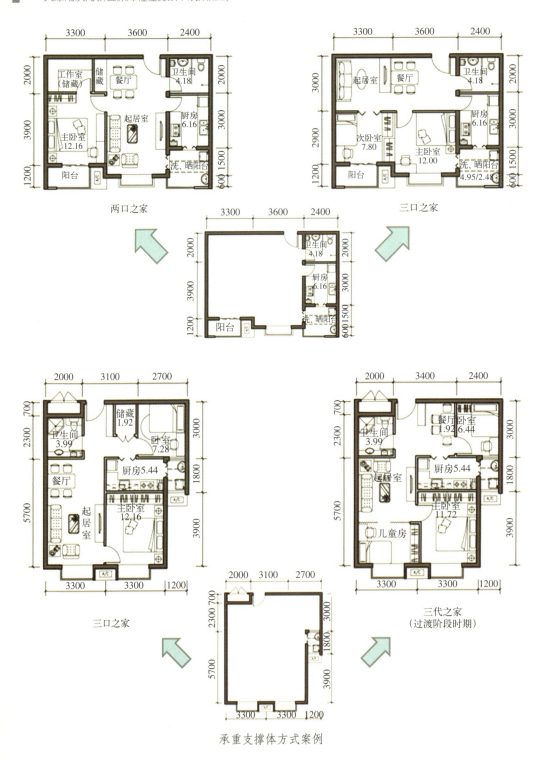

套型可分体方式是指空间可变住宅按照不同面积标准的有效户型划分。以下是几个套型可分体方式的案例：

套型可分体方式案例

五、环境因素对住宅设计标准的影响

住宅设计环境因素主要包括声环境和光环境。为保障声环境达标，在卫生间排水立管方面，首先采用柔性铸铁管，在高度小于 50 米的楼采用中空消声双层螺旋管，用遮声材料包排水立管，设置排水立管管井。在卫生间排水方式上，考虑采用同层排水方式。电梯采用低噪声节能电梯，在电梯电机的底部安装电梯专用的低频减震隔声台，阻断电梯噪声通过钢梁声桥传播到业主家里，并用减震垫将电机柜和地面隔断，防止高频声击穿墙壁，电梯井内墙面加50厚超细玻璃棉毡或者效果更好的吸声棉；或使电梯机房和电梯井与住户的房屋隔离开，降低噪声。

为保障光环境达标，除满足采光设计标准和日照要求外应尽量避免住宅东西向布置，东西向布置不仅造成建筑耗能的增加同时造成西向光线对居室产生的光污染（主要是指眩光），如果避免不了的东西向布置，应在外窗上增设遮阳设施，根据计算设置水平、垂直或综合遮阳措施。

六、绿色设计与智能化设计

（一）绿色设计

绿色住宅建筑是环境保护、高效使用空间的建筑，应从以下六个方面实施，包括节地与室外环境、节能与能源利用、节水与水资源利用、节材与材料资源利用、室内环境质量、运营管理（住宅建筑）。

六个方面具体要求参见《天津市绿色建筑设计标准》。

（二）智能化设计

在智能住宅中，智能化系统和建筑设计关系十分紧密，智能化系统的介入使传统住宅的层高吊顶、内部空间设计、室内装修装饰都受到影响，建筑专业在设计时必须充分考虑这些因素，实现智能住宅中各系统达到最优组合，减少不必要的浪费，提高空间使用效率，并且预留出安装智能设备的孔洞。在建筑设计中，建筑从整体风格构思到结构形式，从空间布局到交通核的布置及外部造型都要能体现智能住宅的特点，目前应用较广的智能化设施包括病人传呼、事故寻呼窗户配置方向性红外幕帘探测器、可视对讲、门禁、供电电源控制功能设计、电器插座回络电源的通断控制功能设计、智能集中抄表系统等。

第四章 结 论

一、项目实施房型

结合《新区定单式限价商品住房户型设计指导意见》、滨海新区的市场房型、开发项目的具体要求等多方面因素提出滨海新区定单式限价商品住房项目实施房型，以下为各户型平面图。

二、前景与预期

希望通过本次研究以及对研究成果的应用，使滨海新区定单式限价商品住房真正实现"定单"模式，并成为一种工作方式，具有推广价值，指导新区未来的定单式限价商品房的建设。

（一）提高功能使用效率

住宅的房型适应性更强，与居民的需求更加紧密。将住宅设计的重点真正的转移到以人为本中，满足不同层次、不同规模家庭的不同使用需求。将建筑文化和归属感融入到住宅使用当中，产生最大程度的认同感。

（二）建设效率增加

预制式与部件式住房若可以尽早应用到建设实践环节中，将大大缩短建设周期，提高资源利用效率。同时更加容易满足居民对户型定制的要求。

小高层住宅标准层平面图一

户型	类型	套内使用面积(m²)	套型建筑面积(m²)	阳台建筑面积(m²)	总建筑面积(m²)	本层总建筑面积(m²)
A	两室两厅一卫	59.84	89.14	3.71	92.84	265.01
B	两室两厅一卫	59.34	88.39	3.51	91.90	
C	两室两厅一卫	53.02	78.98	1.29	80.27	阳台按一半面积计算

小高层住宅标准层平面图二

户型	类型	套内使用面积(m²)	套型建筑面积(m²)	阳台建筑面积(m²)	总建筑面积(m²)	本层总建筑面积(m²)
A	两室两厅一卫	59.75	87.50	8.19	91.6	245.72
B	两室两厅一卫	60.44	88.51	7.81	92.42	
C	一室一厅一卫	41.36	60.57	2.27	61.70	阳台按一半面积计算

（三）节能环保

提高对新能源的利用，降低能源消耗，结合预制式住宅的建设，实现绿色低碳的住宅特性。

安居滨海
——天津市滨海新区保障性住房改革成果汇编 2010-2013

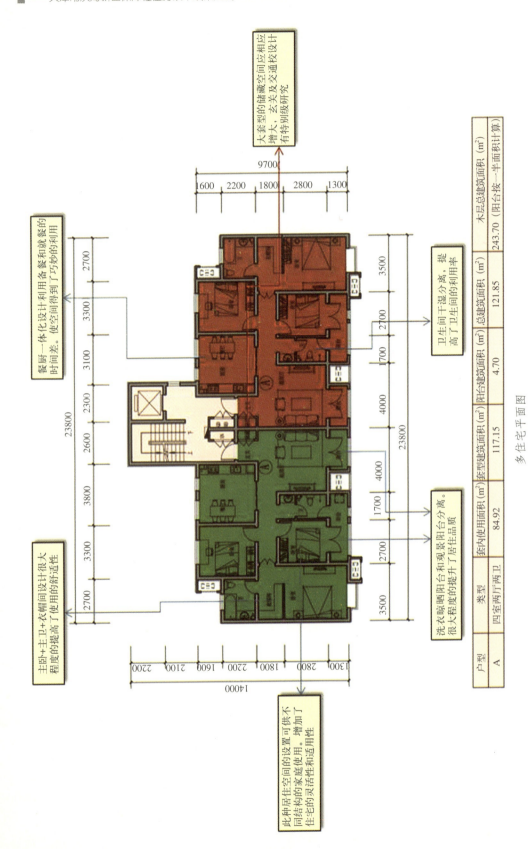

多住宅平面图

户型	类型	套内使用面积（m²）	套型建筑面积（m²）	阳台建筑面积（m²）	总建筑面积（m²）	本层总建筑面积（m²）（阳台按一半面积计算）
A	四室两厅两卫	84.92	117.15	4.70	121.85	243.70

关于滨海新区保障性住房规划设计专家研讨会的报告

区委：

　　为进一步落实滨海新区深化保障性住房制度改革实施方案，我局组织开展了《滨海新区住房建设"十二五"规划》、《滨海新区房价收入比研究》、《滨海新区住房保障人群特征与居住意愿研究》、《临港示范社区修建性详细规划》和《滨海新区定单式限价商品住房户型设计指导意见》等五个规划和课题研究，力争发挥新区先行先试的政策优势，为完善住房保障配套政策提供理论依据，同时也为全国深化住房制度改革提供经验和借鉴。

　　2011年12月初，我局邀请全国建筑大师赵冠谦、清华大学教授周燕珉等五名全国著名住宅规划建筑专家召开滨海新区保障性住房规划设计专家研讨会。与会专家参观了滨海欣嘉园定单式限价商品住房、中新生态城建设者之家、开发区天滨（蓝领）公寓、开发区瑞馨（白领）公寓、开发区康翠社区和中心商务区建设者之家等新区保障性住房项目，听取了以上五个规划和课题汇报。

　　专家们对新区保障性住房改革的总体思路给予了充分肯定，认为整套改革方案从对保障人群的居住需求和购房能力的调查分析开始，到对修建性详细规划和户型设计的深入研究，最终将调研成果体现到新区住房建设规划的编制和相关政策的制定中去，这样的工作方法不仅具有很强的针对性、前瞻性和创新性，而且在全国范围内具有积极的示范意义。在具体的研究方法上灵活借鉴了新加坡、日本和中国香港等地的先进经验，并结合新区实际进行突破和创新，通过着力解决"夹心层"的住房需求和外来人口的同城待遇，充分体现了以人为本的人文关怀；通过提倡"政府主导、市场运营"思路和方法，逐步减轻了政府对于土地财政的依赖程度，使新区保障性住房建设步入良性循环的道路。整个规划和研究工作扎实、成果可信，建议将汇报材料修改汇总后上报市建交委和住建部立项，并在期刊上发表。

　　各位专家在对新区保障性住房规划和课题研究工作做出一致好评的同时也提出了下一步修改意见和建议。

　　新区规划国土局全体局领导和相关处室部门、塘汉大住房保障和房屋管理局、开发区建发局、保税区规建局、高新区国土房管局以及天津港散货物流公司等有关同志参加了研讨会。

现将研讨会专家发言汇总及会议材料呈报,请参阅。

附件:1. 滨海新区保障性住房规划设计专家研讨会参会专家名单
   2. 滨海新区保障性住房规划设计专家研讨会专家发言汇总

二〇一二年元月三十一日

附件1:滨海新区保障性住房规划设计专家研讨会参会专家名单

1. 赵冠谦:国家建筑设计大师,住房和城乡建设部住宅建设与产业现代化技术专家委员会副主任委员,中国建筑设计研究院顾问总建筑师、全国城市住宅设计研究网理事、中国城市规划委员会居住区规划学术委员会委员、中国房地产及住宅研究会住宅设施委员会副理事长、全国建设工程标准设计建筑专业委员会资深专家、中国土木工程学会住宅工程指导工作委员会副主任委员、中国房地产及住宅研究会人居环境委员会总顾问。

2. 开彦:梁开建筑设计事务所执行合伙人总经理、总建筑师,住房和城乡建设部住宅建设及产业现代化技术专家委员会专家委员,住房和城乡建设部住宅部品标准化技术委员会顾问委员,中国房地产研究会人居环境委员会副主任专家组组长,北京市规划学会住宅与居住区规划学术委员会副主任,亚洲人居环境协会副主席,首都规划建设专家咨询组织专家、规划建设方案评审专家成员。

3. 王明浩:教授级高级工程师,中国城市科学研究会常务理事,中国城市经济学会常务理事、副秘书长,中国土木工程学会住宅工程指导委员会副理事长,天津市地理学会副理事长,《城市》杂志主编。

4. 张菲菲:教授级高级建筑师,天津市城市规划设计研究院顾问总建筑师,住房和城乡建设部住宅产业化专家委员会委员,天津市城市住宅专家,天津市规划委员会委员,天津市人大常委会城乡建设环境保护委员会委员。

5. 周燕珉:清华大学教授,清华大学住宅建筑研究所副所长,清华大学老年人研究所研究员,中国房地产住宅研究会住宅设施专家委员会专家,中国城市规划住宅委员会委员。

附件2：滨海新区保障性住房规划设计专家研讨会专家发言汇总

专家研讨会现场照片

一、王明浩发言汇总

1. 听取滨海新区总体情况以及《滨海新区深化保障性住房制度改革实施方案》、《滨海新区住房建设"十二五"规划》、《滨海新区定单式限价商品住房购房人群研究》和《滨海新区房价收入比研究》汇报后发言:

几位专家都在这里,包括赵冠谦、开彦老前辈,我就抛砖引玉了。说心里话,今天早上看了新区保障房项目现场收获特别深,我从事房地产很多年,但今天算是茅塞顿开,这个方案解决了"夹心层"的住房问题。新区这个保障房改革方案的总体思路我觉得,仅从规划和课题的立项题目上看,我认为就可以说是通过了。

"夹心层"的住房问题需要着力解决,他们钱不多买不起商品房,住"低保房"又没资格。最难的是我们国家干活的工人,他们钱确实有一点,吃东西、穿衣服这些都没有问题,但是要用这个钱买房子就真买不起了。

我认为以上课题第一个目标明确。比如把定单式限价商品房的覆盖面提高了,这很好。这有历史的教训:在20世纪80年代天津就搞"解困房",结果不成功,原因就是覆盖面窄。"解困房"的房价虽然低了,但需要办理很多手续才能去登记,真正的穷人很难买到。1999年房改建设经济适用房,最初计划让80%的人住经济适用房,在华苑和梅江分批建设。但这些经济适用房普通人无法购买,而且价格最初为1800元/平方米,但竣工后却涨到3500～4000元/平方米,未能实现原先保障的目标。新区这个办法好,真正惠及了我们需要买房子的人群,尤其是在企事业单位一线工作的人群,所以这个思路特别对,目标明确。

第二条方法对,通过大量的调查研究,分析很到位,很有道理。方法对,这是值得肯定的。另外,这个办法减轻了政府的负担。住建部❶要求今年全国一千万套保障性住房全部开工建设,而且11月底已报道全部开工了,我也参加了好多项目规划评审会。但项目开工以后难以继续实施,因为资金太困难。最近这段时间银行银根缩紧,贷款特别少,银行准备金率又降低了0.5个百分点,造成保障房建设资金紧缺,政府财政负担太大。新区这个方案,政府财政负担的比例很小,实施的可能性就大。

第三个值得肯定的是对不同的人群采用不同的办法,尤其是对外来人口充分体现了同城待遇,包括医疗、教育、保险、养老等方面。目前城市化不高的原因是社会的不公,人都是一样的,户口却是人为制造的,没有户口待遇不一样,这样不对。现在这个思路特别好,解决了社会安定的问题。这个方法很可能将人口由中心城区吸引到滨海新区来,这是好事。这个方案的城市布局和人口结构分配特别好,将通勤人口吸引到新区来,解决了他们的交通问题。

---

❶ 编者注:住房和城乡建设部。

还有一个优点是把规划、设计、用地、房管的思路都统一起来，这个特别好，避免了各部门之间扯皮的问题。另外一个是创造了新的社区管理模式。

再有就是这个方案把规划土地等方面都围绕在一个体系中解决，对土地财政的依赖逐步减轻，使房地产市场、城市经济逐步纳入到良性循环中，能够避免产生泡沫，房地产这样搞下去，如果这样搞下去，就是泡沫。目前我国过分依赖土地财政，上海、北京、杭州等地房地产泡沫很严重。东京20世纪90年代初房地产引发的危机，到现在二十年了还没有摆脱，所以真正的泡沫全国要来的话，那可是太危险了，这个办法能够起到良性循环的作用。

总体来说，我觉得挺好，而且汇报特别好，特别简单明了，听得很清楚。提几点意见：一是方案中公租房没有提，可以做些公租房的研究。二是收入调整系数需要考虑。三是高端商品房和商品房这两个性质是一样的，把这两个不要说得那么具体了。

再有，这个创新我估计抛出去的话会振动房地产界，相当好，这个思路是灵活运用了新加坡模式，而不是刻板照搬。但退出机制讲得太少了，五年以后要怎么卖，我建议多写一点。现在保障房五年退出后上市，对于上海、天津这样的大城市来说时限太短，还可能利用保障性住房投资投机；还有项目开发净利润按5%计算需要考虑，开发商除了获得5%利润之外，再加上自身不投入资金而使用银行贷款，材料让供应商垫款、工程施工让承包商垫款，实际利润会超出5%。

把两个调查研究整理一下，在《城市》杂志发表。将整体方案整理出来，在《城乡建设》和《住宅研究》发表。滨海新区的"收入比"，这个东西整理成3000多字的文章，是相当有水平的。

现在滨海新区发展很快，在2013～2015年大的宏观经济形势发展下，到底会怎么做。我建议将来搞这个课题，分析滨海新区发展的前景问题。

建议马上将本次研讨会各研究课题立项，我向科协和科委推荐和争取。

2.听取《临港示范社区修建性详细规划》和《滨海新区定单式限价商品住房户型设计指导意见》后发言：

汇报中对目前存在的问题，比如交通问题、停车问题、配套问题，提得很到位，规划理念也挺好，是黄晶涛（天津市城市规划设计研究院副院长）典型的模式，他做了两三个住区都是这样的，密路网200～300米，我对这个模式基本上没有什么意见，规划布局他做了这么多年是可以的。提点小意见供大家探讨：第一个是地块主朝向是南偏西35度，这个角度最不好，南偏西30度以里可取，再大就不好了，南偏东也不好。为了照顾商业、临街的立面而使朝向偏西，希望再慎重考虑，要为老百姓考虑。虽然五大道的房子不错，但最大的问题就是朝向的问题。大部分朝南的挺好，但沿街商住楼这几块，总感到有点问题，而且量还不小，这个街坊因为是南偏东55度，量很大。建议这方面再慎重一点。

第二个意见是配套。原来街道办事处 1 万多平方米，现在配到 6500 平方米，派出所一定要考虑进去，这是需要推敲的问题。

第三个意见，是欧洲比较流行在居住区设置步行路线以便于锻炼，基本上是走自行车的。这里面我建议创新一点，规划设置步行路线以便于早起锻炼。10 万人口规模不小，相当于一个小城市，所以建议能够考虑一下。

还有方案中的邻里中心、社区中心都挺好，但事实上老百姓便利店还得搞，我们现在步行距离想得挺好，都到这里来买东西，到商业街上购物，但从居住方便的角度考虑还不够，便利店应该考虑一下。

至于学校周边的停车问题，把学校和商业街放在一起，交通堵塞问题相当尖锐，下午放学时间的秩序非常乱，所以学校放在这里，我总感到将来的矛盾挺大，建议对学校位置进行调整。

总体来说这个方案不错。昨天看了欣嘉园，他的设计比较严谨，但推敲得不够细，虽然挑不出大毛病，但感觉不到眼前一亮，没有新鲜感。我觉得这个方案比欣嘉园做得好。建议容积率在这么大的居住区范围，能不能往上涨一点。再推敲推敲，绿地的位置再考虑一下。

二、开彦发言汇总

1. 听取滨海新区总体情况以及《滨海新区深化保障性住房制度改革实施方案》、《滨海新区住房建设"十二五"规划》、《滨海新区定单式限价商品住房购房人群研究》和《滨海新区房价收入比研究》汇报后发言：

保障房的建设是一个大事，今年❶全国建设一千万套，"十二五"后三年建设三千六百万套，建设任务十分重，各地压力特别大，但是目前住建部❷没有明确的方法和途径去解决如何建设的问题。我同意王明浩的说法，新区的整体方案是给全国带了一个好头，成为全国学习的榜样。我们可以拿出一套非常完整的东西出来，这是非常科学的。我认为保障房建设不光是解决几个分类人群的住房问题，实际上为新区将来发展的后劲，为新区将来能有更好、更大的发展动力，奠定了非常好的基础，它解决的是人的问题。人对开发区来讲非常重要的，怎么样吸引外来的人来新区就业定居是非常重要的问题。保障房解决不好，人口问题解决不了，新区的建设就会很成问题。该方案能够吸引外来人口长期定居，而且分类分得很明确，定单式限价房针对那些有才华的中坚力量，把这些中坚力量定居下来，使其安心在这里创业，这是非常重要的。

我们过去非常担心这方面，一个是城市的贫困人口需要住廉租房，但新区住房很困

---

❶ 编者注：2011 年。
❷ 编者注：住房和城乡建设部。

难的家庭比例很小，这块可以不用过多考虑。现在其他地方过多考虑廉租房，抓了两头，中间这块没人管了。其实"夹心层"是非常困难的，买不起房又不算低收入的人很困难。新区把主要解决方向定在"夹心层"，帮助"夹心层"能够有房住稳定下来，创造条件先住公寓再买定单房，给了年轻人很好的生活愿景和工作愿景，我认为是非常到位的。我觉得将来把这套东西推出来的话，在全国都有指导意义，都有榜样的作用。过去我们要求这么高，却很少有单位静下心来好好研究保障房的前景和作用，慢慢理成系统、做成配套的东西。住建部房❶地产司等四个司应该静下心来考虑未来的保障房怎么走。以政府为主导，市场运作，我觉得这方面提得很对，政府不主导底下就会乱了，我们工作做得很仔细，成果真是相当不错的。那么多的课题来支撑这个东西，是非常好的。

二是我们整个新区规划保障房的布局，整个规划的分区，核心区加上一区三片，两个双城这种关系我认为是非常合理的。主要是保障房和产业及经济分区是密切相关的，应配合新区经济增长建设保障房。我觉得和北京集中在一个地方相比，我们分区解决住房问题，就地能够解决生产就业、经济发展、生活环境的问题，这点也特别值得我称颂。

三是我认为我们的工作做得非常细，对于不同的人口分类做得很细。这些分类不同，有蓝领、白领、高级人才、普通人才，从整个分类的不同特点、需求分析工作做得非常细。住宅标准、配套设施我认为非常好，解决了不同类型人才的需求，留了不同的发展空间在里面，蓝领和白领都不同，其中又有了分类，工作做得非常细。"收入比"的问题非常有说服力。这些文件的研究、课题的制定，这块逻辑性很强、研究得很细、说服力很强，成果值得相信，我们觉得这也是非常出色的部分。

关于意见，一是保障房规划设计，不光是分类多样化、多中心、多组团等方面，我觉得在将来品质、营造环境这方面，特别是在宜居生态大定位的情况下，怎么样从品质中再有所提升，才能够真正吸引那些人才。除了解决密度的问题，整体的环境、整体的配套设施可能还是要多考虑。特别是生态新城的定位、整个城市的构架，这些东西恐怕将来还是要有新的观点，当然中新生态城可以作为我们的榜样，但对于滨海新区来说应有更高的定位和要求，这样比较好。

二是市场化的问题，政府主导的因素比较多，也设想了一些关于政府主导、市场运作的问题。这个除了政府的企业承担政府制定的工作方案、建设以外，最好能够通过制定一些更好地引导市场的方法，在将来吸引更多的开发商，这样的话能够通过真正的市场化，使开发商看到好处、看到利益，这样的话会带动滨海新区更好的建设。这点有点担心，市场化以后怎么样去吸引更多的房地产商来投入。

咱们的方案是以新加坡、中国香港作为咱们的蓝本，这两个地区都是很成功地去完成保障房的建设，在政府的指导下中国通过市场化的运作去做的，不是一手包办的，我

---

❶ 编者注：住房和城乡建设部。

觉得这个方向是非常正确的。另外想补充的是日本，日本解决保障房也是非常成功的，在1955～1970年的时候是公民住宅，1970年到现在是政府住宅，都是由政府赞助的国家企业实施。这个企业不是靠在政府身上，而完全靠市场的运营，在政策下靠盈利去做的。日本是在国家的支持下、市场运营非常成功的案例。他们也做了很多的基础研究，不光是在住房的数量上有保证，在品质方面一步一步提高，现在也在研究生态、节能、减排等问题。我们现在很多保障房都是国有企业在承担建设，新区"十二五"规划中住房建设规模的56.4%都是属于保障性的范围，这个范围量非常大，我觉得有必要由一些国有企业按照市场运作的方法去做。这样就会尽心、负责任，就会按照市场发展的方法发展。成立专业住房公司专职从事保障房建设，他就会非常敬业、小心去做这件事情。

定单式的限价房是很好的方法，一方面是和企业需求挂钩；另一方面是根据收费标准进行限价。两种方法解决了两种不同的问题，对于"夹心层"更有保障，对于全国都有借鉴的价值。

我认为到住建部❶进行课题立项应该没有问题，把路线确定好了，找到难点、焦点在哪，把思路理清楚就可以。

2.听取《临港示范社区修建性详细规划》和《滨海新区定单式限价商品住房户型设计指导意见》后发言：

我比较欣赏这个规划理念，有很多突破，尤其是突破了我们一些传统做小区的概念。把这个城市作为一个整体，运用了一些城市设计概念、城市空间序列的概念、城市整体整合的概念，不是一个孤单的一个地块来做，是整体的比较合适的，整个城市功能单元是比较好的。

一是我认为实现了一种开放住区的理念，城市开放性非常好的理念得到了表达。城市的开放性是对于绿色建筑来说非常重要的东西，过去我们做小区常常把小区按10公顷、20公顷、30公顷围合起来，通过一个入口和城市连接，这里面形成了一个城堡式的东西，社区、会所自己用，这样来说在资源方面都不是共享的。这个小区打破了这个概念，城区缩小、街坊缩小，100～200米左右的范围，这里面住了200～300住户，有高层的多一点。这些小区面临城市很方便，一出去就是街道了，享受城市街道的便利性和通达性，同时很容易就能够到商业街购买东西，这种形式我们现在要提倡。在我们中国住区建设的模式要打破小区的概念，使得我们小区和城市联系在一起，我们每一个小的街坊作为一个城市的细胞，把它放在一个整体的环境中考虑，这种概念我认为特别值得利用。我是认为我们的城市还是封闭起来做，是没有进步的。山东的东营这个城市就是以小区为细胞进行城市规划，结果城市人情味、方便程度、城市的热闹劲很好，住的人很少、很方便，我今天看到了这个住区按照开放的住区来做觉得很好。

---

❶ 编者注：住房和城乡建设部。

二是我想住区不是一个单一型的住区，而是多样化的混合居住社区，既有限价商品房，也有公租房，还有商品房、办公楼、旅馆等，是混合居住的社区。这样做的好处是这个城市不会产生要么是富人区、要么是穷人区，形成对立的区域。有钱人和穷人都混合住，各种类型都有这才构成了社会的完整区域，为和谐相处打下了基础。老年人的住区也有一定的规模，因为老人离不开传统的生活方式，有一些老年住区放得很远，虽然风景好但很无奈，与日常的生活习惯和方式比较相隔离，这是不太好的，在临港示范社区这样的社区居住对于老人来说是非常好的。

三是城市空间的关系非常好。这里面有一个公共的社区服务中心，其中有服务设施、托儿所和学校，以及大的公共服务场所，大的空地。除了街坊以外，可以看到很宽敞、辽阔的空间，是很好的透气、休闲的地方。除了这个以外，每一个组团里面都有自己的空间，有生活性街道。通过生活性的街道，到周边邻里，到街道的公共空间，城市的空间有序性和多样性这种变化也是很成功的环节。开发区康翠社区服务中心的设施昨天我们也看到了，社区服务中心的机制，把托儿所、社区服务中心、生鲜超市组合在一起，也是我们常见的生活模式，这也是比较好的。

我们的路网系统，因为缩小了所以显得路网很密。路网密对于交通是非常好的，周边是主干道，中间有次干道，每个地块之间有支路，三级分线非常清楚。城市的路密集度越高，将来对分解道路交通的压力很有好处。特别是支路，既有步行街可以享受街道的美感，同时也是舒缓城市交通非常重要的工具，所以支路的建设非常重要，这是一个很好的处理，路网密也是这方面的特点。

关于停车，这次采用了多种多样的停车方式，我觉得也是非常好的，而且把停车的多样性贯彻到整个规划的高度中去，我觉得是非常得体的。多样化解决，除了地下和半地下，还有地面上的交通停车，我觉得很好。在可能的情况下，尽量多一些路面交通、路面停车和地面上的集中停车，我认为这也是一个重点解决方法。小区地面停车率15%少了，我认为还是可以推敲的，应该适当增加一点。路面停车乱、占用路面的这些矛盾，如果处理好了、解决好了也是不错的，还是现代化的一种标志，我认为还是可以的。

我现在想提几个意见：

一是对城市商业形态的问题，目前商业形态集中在中间社区的边缘上，都是沿街布置的。这样做当然有很多好处，比如可以增加城市的氛围，但是这样做对于购物来说不是很方便。把街道分在整个绿带两侧，商业比较分散，营业不会很多，消费者购物买了就走不会停留，这样的商业系统不太好。消费者有些不是去购物的，而是去休闲散步的。目前的商业行为、购物行为和过去马路沿线的公司商店还是不一样的。我非常主张能够集中布置一些商业街，这种商业街有商业氛围，路面不是很大，以步行街的形式，5～8米宽，周边布置一些椅子、小景观，可以休息、休闲。这种两面商业的步行街形式，它的商业行为集中一点会更受欢迎、更符合现代人的购物方式。我认为在这里面可以适当布置一些商业街的形式会更好。

我也比较同意王明浩提出来的便民商店，便民商店如果全部集中在中间我认为不方便，至少周边还是有很多生活性的道路，可以适当搞一些底商商店、步行街。买酱油跑到那里就买了，很方便。在商业街附近，根据规模大小、面积大小，根据居民的需要多做一些需要商业的点，会更加方便。在小型的街道，在步行街与生活路之间，多增加一些商业铺面，我认为会提供很多的就业机会。不光是丰富了居民方便的程度，还提供了很多就业的机会，这是很好的。

第二个意见我认为是停车的问题。既然半地下停车库的容积率可以奖励，能不能适当地做点停车楼，在地块比较小、车辆比较多的地方，比如像办公区、居民集中的地方以及高层区做一点汽车楼。我们国内的汽车楼还是比较少的，我们在这里既然2米以上的半地下停车库不计容，可不可以网开一面做汽车楼，不算容积率，突破一下。我认为汽车楼的设计更加具有流动性，在可以不要阳光的地方搞，北面的区域路挺宽，找一些不需要阳光、边角的地方，来解决停车楼的问题，这种汽车楼可以解决随之而来的交通问题。新加坡、中国香港、日本也有很多停车楼，我们国内做点汽车楼我认为对缓解地下停车位的压力有好处，天津的地下水位很高，我认为汽车楼可以缓解一下压力。

临港示范社区01-11、01-13这两块地太大。老年活动中心、幼儿园等配套我觉得数量少了一些，两块不够，这些区域还应该再加一点。

刚才我看了一下道路的组织，每个邻里规模都划小了，划小了以后小区内部的道路基本上还是环状的，我觉得这里面没有必要再设置小区内环路了，直接往支路上开。

另外，邻里服务中心再往下我认为还应该设一些邻里交往的会所。小区交往中有一个总会所，每一个部落应该有一些场地可以交往、活动。包括小孩和老人休闲的场所，第三级的邻里活动中心。

我还比较担心万科，这三块如果给他做的话，按他的理念和常用的方法会做死的，或做一些只供内部服务的会所。如果做会所应该开放，不应该封闭起来自己一家用。

关于户型设计我说一点，刚才几位专家提到精细化设计的要求，非常有参考价值。我们这个设计也是非常注重内部功能的，从内部的功能着手进行强化。我觉得和我们现在一般的设计相比，有很大进步。

第一，我欣赏的是玄关设计，各个玄关设计做得又大、功能又全，把储藏的问题解决得很好。玄关很重要，如果一个套型没有玄关失去了很大的功能，玄关是一个过渡的空间，需要一个很好的处理。我认为咱们的设计玄关做得非常好。

二是我认为这次解决的小面积户型问题，把起居厅和餐厅合并起来，也是非常重要的。这一做就把空间局限变小了，空间互相的借用，构成了家庭的公共空间，这显得家里很大气。

三是考虑了晾晒的问题。公共空间、卫生间定型的问题，虽然有一些地方不到位，但方法是对的，体现了对住宅内部套型设计非常的注重，这个方向是对的。

另外我想重点说说关于标准化、产业化的问题，这个问题我认为在滨海新区有条件这么做，有条件开辟出来一种新的路子。新区保障房起步很好，开辟了全国的先例，在标准化、产业化设计这块也有可能走出一条新的路子出来。我们几位年纪大的人过去从标准化、定型化方面走过来，还是有一些经验和想法的。我认为咱们的设计本身注重了标准化的问题，首先提出一个模块化的问题，模块化我认为可以大大地做文章。

模块化的概念我介绍一下，首先是功能空间定位设计，其次根据套型内每个房间的开间尺寸，从参数着手研究不同尺寸的房间和不同套型的需求有多少种，从模块化做一个序列，考虑交通单元的定制化有几种，考虑大、中、小的套型如何互相组合满足需要。设计要从功能单一的模块入手，特别是厨房、卫生间的单元，因为里面最复杂、要求最高，有管道和设备问题，特别复杂，需要特别精心、认真去做。有了这几个定型，从标准设计出发的角度着手设计定型图，根据定型图定制各种配件，这样可以使配件实现标准设计，减少了现场的损耗。另外的特点是需要我们精心地去设计各个电器设备位置。可以做一套滨海新区的标准化设计，我们可以从功能单元做起，还要研究怎么标准化的问题。

二是标准化、模数化的问题，最近"标准院"把模数标准重新修编了一次，我也是修编人，已经公布了模数协调标准意见稿。我过去编"住宅模数标准"，现在它和"建筑模数标准"结合在一起了，我认为模数标准非常高，主要的标准是网络化，用网络化代替网格，基本的出发点是10厘米。现在模数的控制不是以三模或二模来指导，都是一模，并推荐了几种优良、优化的数列。厨房、卫生间包括厨具的问题完全可以用模数化的方法设计。如果我们完全定制了，什么都好做了，达到这样的程度就非常好了。最基本的东西用模数网格的概念做，例如咱们的开间设计是墙皮到墙皮1.7米，虽然不符合三模的要求不符合二模的要求，但符合一模就够了，如果厨具定制下来，就可以大批量生产。最后再考虑标准化的问题，可以从标准设计着手来实现我们集成化和标准化的目的。

三是我们的户型面积都比较小，50平方米、60平方米、70平方米、80平方米，尽可能多做一些灵活设计，用的开间的方法做，因为大开间从技术上可以达到要求，能不做隔墙的就不做隔墙，可以利用空间进行自由组合。这里我非常希望定单式的限价房能够研究一下全装修的问题，可以通过不同的分隔方法实现空间划分。一种是定制化的墙板，这样居民可以自己进行推拉或自己做的，我认为现在的技术手段很多是可以做到的。二是家具隔断和分隔，按照网格来走，像日本的日立、松下的产品，买来的时候是板材，到了房间以后一组装就是定制的储物柜，这样的方法很好，用这样的方法实现集成化的目的，使我们能够实现成品房供应。像这些主要的东西，厨房做好了，卫生间、隔墙做好了，固定的家具做好了，包括吊柜，就剩地板和墙了。地板可以统一做，也可以留给居民自己做。这样就简单了，大部分难的东西都做完了，小部分可以留给居民自己做。

大空间成品房供应，我认为这套路子应该走，迟早要走，成品房供应一两年时间内会有完整的要求，将标准化的概念考虑进去。

四是关于管线的问题，我认为概念很好，绝对不要把管线埋在结构层里，业主入住后房子会需要改造。将管线走向不同的分开，采用结构管理，一种是在公共环境设置管道，不让切改的都要考虑好。如果有可能的话，结合同层排水做一些垫层防止隔声，提高10厘米，我觉得更合适。另一种可以考虑一下定制式的架空地板，我们能做的。架空地板是可以做的，因为定制化、模数化的东西做起来也很快，管线的问题一定要处理好。

五是建筑设计方面，我认为小面积户型的朝向问题，比如低于30平方米的套型可以不全是朝向南侧，这样对降低价格提高容积率会有好处的。现在天津有很多像"火柴棍"的住宅，太瘦、太小，100米高的房子太细太瘦不好看，能不能组合一下，两个三个单元拼一下，又省地又把空间留出来。我建议做些短板、短走廊的做法，过去我们反对短走廊的做法，但这样做分摊面积小、交通短，一个楼梯带着六户到八户，我认为是一个很好的模式，现在可以试着探讨一下短板的套型。我们现在有条件做，可以做到六户到八户。

还有可以考虑提高标准化、产业化的水平。我特别注重设备、材料的定制化，不光是考虑建筑设计的问题，还要把建筑材料商、设备供应商定制的产品，厂与厂之间的合作的问题考虑进去。标准组件到现场一吊装就可以了，这样在小面积的公租房和定单商房里面很好用，这些都很值得在设备、材料、供应方面统一考虑。具体的做法我认为可以编制滨海新区材料设备的产品目录，也就是标准化的技术工作。产品目录主要内容有四块：一是规格尺寸，按照标准图去要求产品满足我的尺寸要求；二是产品性能、功能的表达表述，要达到什么样的水平；三是测试标准和手段，通过什么标准保证产品质量；四是服务和管理，坏了之后怎么维修。将四大方面内容表达出来，把满足要求的产品放在目录里，好的产品再搞个优良补给制度，这样逐步扩大，目录一开始一百套，做到一千套、甚至一万套，这样标准化就做起来了。我建议还要学习SI体系，这是完全标准化的支撑理论，目前国内也在提倡，S是支撑体、I是内装物品，这方面希望能够探索一下。

我觉得滨海新区有条件把标准化、产业化、集成化等方面工作做好，解决材料的浪费等问题，如果这个目标能够实现不亚于保障房的创新，又是一个亮点。

三、赵冠谦发言汇总

1.听取滨海新区总体情况以及《滨海新区深化保障性住房制度改革实施方案》、《滨海新区住房建设"十二五"规划》、《滨海新区定单式限价商品住房购房人群研究》和《滨海新区房价收入比研究》汇报后发言：

我对宏观政策的研究很少，今天提了这么多的研究成果，我短时间消化不了。你们有很多研究人员进行了专题的研究，而且是针对滨海新区的，针对性也比较强，所以我觉得这个成果是非常可贵的。刚才旁边两位专家讲了，这是很好的研究成果，可以在全国推广。

我觉得是这样的，这种研究方法很好，但这个成果是不是一定在全国去推广也不一定，因为每个地区都有自己的特殊情况，比如说我们现在这个成果是针对滨海地区的，我们这里是外来人口多，年轻人多，所以建设蓝白领公寓和定单式限价商品房，其他的地方不一定都是这样。我觉得对咱们有价值的，是给别的地区提供一种可以参照的方式，给他们一种启发。你们是创新的，但是对于别的地区来讲，不一定就按照你这个方式去做，但知道滨海新区这样做了，有一种创新思路提供给他，我觉得这是最可贵的。你这个研究方法是值得推广的，让大家考虑根据本地区的情况，不一定按照国家保障性住房的框框去做，可以根据自己地区特殊的情况创造更多的方法，所以我觉得这是最难能可贵的地方。

我觉得这些内容有很多的数据，成果都是有证据的，我觉得最难能可贵的是这个，你们滨海新区用这个方法实践，应该是可行的。因为你们现在已经一边研究一边在实践了，而且实践的过程中还可以不断地改善。你现在已经建了蓝领公寓、白领公寓还有政策性住房，这些都是可以再进行完善的。所以我觉得你们做的工作是非常值得，也是很让人信服的东西，不是随便空口说说，我听了以后觉得很信服，针对新区提出了这么一个政策性的东西，也是非常合理的。

我觉得经常说"夹心层"怎么办，这个人群也是不少的人，可是我们这一次有很好的解决办法。

2. 听取《临港示范社区修建性详细规划》和《滨海新区定单式限价商品住房户型设计指导意见》后发言：

因为我是学建筑学的，对规划不熟悉，20世纪80年代中期我们搞小区的时候接触过规划。在那个时候一边学习一边工作，所以逐渐对住区规划有一点了解，这次我看社区的规划，刚才他们有了肯定，也提出了问题，对存在的问题怎么改进，这样的方法是非常好的。了解了现存的问题，怎么去改善，然后针对性的去做规划，这样我觉得这种方法是非常好的。我觉得这个规划和刚才开彦说的意思一样，因为我们现在对中期规划提出了三个模式：一个是开放型、一个是复合型，还有一个是混居型，这里面都有所体现了。我们在讲课的时候，都希望改变现在这种大院式、单一式的，而且单一式中又是分人群的模式。现在我们这里又是开放式的，把街坊缩小了，人群大混居、小聚居，这种方式，要想全部都是混居也有困难，大的范围来讲是混居的，但每一个小块又是聚居的，也能够达到我们的目标。所以我觉得这次规划还是非常好的，而且它的配套原来是分散的，现在把中间这一带社区的配套设施，集中起来。另外，各个邻里又有它的邻里中心，分成了不同的层次来布置，我觉得这也是非常好的。

我想提几个意见：

一是这次我看了原来的图，但是看不出来这里面与原状究竟有什么关系，与原来的地形、地貌有什么关系，这里没有反映。我觉得我们做规划的时候都是把原来的地形、地貌、地物做一些分析，针对地形、地貌、地物来做规划，我觉得这是需要考虑的。

二是交通系统，刚才讲了有一套交通系统分成三类。我也觉得在交通方面应该考虑步行系统，还有非机动车的系统，因为现在自行车是我们国家在大力提倡的，如何在我们的交通系统中把人行和非机动车的系统考虑进去，这是第二个问题。

三是我看了有很多绿地都集中在邻里中心，我觉得每个街坊最好也能有一些小的绿地，因为在国外走不远就有一小块绿地，人走在路上随时就可以去休息，这样的做法也有好处。街坊现在是不同的住宅布置方式，特别是商品房，是比较强调围合的，做到三个大的围合，围合对邻里来讲还是很好的，但过分的围合里面有自我遮挡、视线干扰、通风不太好、日照的条件也会变差的问题，我觉得要很好地考虑，现在是三个围合，我觉得好像太封闭了，适当地放开一点，也是围合，但不是那样密集的围合。我觉得这个问题也要考虑一下。

四是配套设施一个是社区的中心、邻里的中心，但街坊里没有提到配套，希望街坊里也应该设一点，低层的设一点，或边角的地方设一些。这样生活就比较方便了。建议在街坊入口设一个会所，里面有多种功能，可以会客、购物，现在有很多都是这样做的，一个小的区域，有的就是一个组群，就设一个多功能的入口，里面会有很多的功能。

关于户型设计刚才因为时间的关系，没有很完整地给我们介绍，非常可惜，因为他们做了大量的工作。我仔细看了他们从分析日本、新加坡、中国香港的设计，到对我们类似的住房设计做了大量的分析，将他们得出的经验和教训运用到我们住房的设计中，我觉得是非常好的做法。分为四种类型，又做了多种标准化的厨房和卫生间，这样对工业化的进程还是有帮助的，当然还需要做更多的工作。我觉得这已经是很不错了。

关于下一步的工作：

第一，要定的标准是几方面的，一是面积标准，二是设备标准，还有设施标准，这些都要把它再研究后确定，这样将来在做设计的时候就有目的了。比如厨房里面究竟放什么东西，卫生间究竟放什么，应该是考虑哪些问题，比如说是不是要采暖，是不是要分户计量，分析调控，这些都是标准的问题了。我觉得下一步还会再做一些这方面的工作。

第二，各个功能空间的尺度确定，以及和生活习惯相关的功能设计和功能空间尺度的设计。因为现在有不同的说法，有的希望把厅做大，有的希望把卧室做大。这些都是需要考虑的，像我们这里要调查，究竟居民喜欢厅大还是卧室大，还有喜欢厅在南向还是卧室在南向，这跟生活习惯有关，不能一概而论。根据功能空间尺度的设计还是很重要的，这个厅应该做到怎么样，主卧室应该做到多大，厨房、卫生间应该做到多大。我看现在厨房做得比较大，厨房还是很重要的，但是要控制在4平方米、5平方米以内，厨房就不能做得很大了，也跟总体的面积标准有关的，所以各个功能空间的尺度，还需要深入地去进行研究。

第三，设备管线的细化设计。在设备中我们一般考虑最主要的还是厨房和卫生间了，洗、切、烧这样的程序，还有管道井还有排气道，这五件东西一定要很好地布置下去，现在我看布置了冰箱，但冰箱也不是随便有空就要放进去了，冰箱还要散热、还要有插座，我家就是插不进去太挤了，散热也散不了，像这个图冰箱是挤在里面了，周围一定要有空隙才行。卫生间洗衣的东西怎么放，另外三件摆放的位置，卫生间同样有管道和排气道，都要放好，厨卫里面的排气道管井和管道区是非常重要的。现在提出一种叫 SI 的体系，是管道和结构分离，我们是不是考虑了这个问题，卫生间现在还有两个问题要考虑：一个是同层排水，我们没看到卫生间排水是怎样的方式，是从自己的家里排水还是排到下一层去了，邻里之间的矛盾就是这一层排水引起的；还有就是卫生间做分阶式，如果放在一起使用不灵活，私密性强的放在封闭空间，不强的放在其他的空间，可能面积会增加一些，但是使用起来很方便。现在很多的卫生间是穿过式的，使用率会降低。我们现在创新的是将晾晒空间和卫生间相结合的，现在不主张晾晒放在阳台上，会有碍观瞻。这个还需要考虑。

第四是空间的利用。空间要考虑三维和四维利用，考虑到时间上的交叉和使用，空间是可调整的，还有家具应该是多功能的，如果不是多功能的交叉使用也会比较困难，将来做四维空间利用的时候要考虑这方面。三维空间是比较简单的做法，我们这次平面设计上没有对高度进行利用，其实有很多地方都可以，比如入户的空间上面可以做吊柜，走道、卫生间上面也都可以，很多的地方是可以利用它的高度的，我们这次考虑得不够周到。

第五是环境的问题。环境比如说是电梯都放在外面了，避免了噪声干扰。电梯放在里面来与客厅和卧室紧邻了，在运营过程中的噪声和振动对居民的影响是很大的，我们这里没有发生这种情况，将来做其他平面的时候这也要考虑到的。还有一个是日照问题，北方要考虑日照充分，还有要适当的西向、东向窗户的遮阳问题，我觉得这也是要考虑的。

第六是工业化的问题，工业化最关键的是标准化。我们现在已经开始用厨房和卫生间并行，但总体地讲，标准化的基础是模数，目前正在修编模数协调标准，提出了二模和三模共用，就会出现不匹配的问题。如果是要用二模还应全部用二模，如果用三模都用三模。现在也有一种 1/2 的三模即出现 1.5 倍数的尺寸，有人认为这非常灵活，说也能跟三模匹配，我觉得这还要进行研究。总之模数的问题非常重要，因为工业化要和标准化对接，而标准化主要的技术方法是模数，原来提出填充的物品要符合模数，房间和空间净尺寸应该也是符合模数的，可以用双组线，也可以用单组线，但墙体必须要符合模数，这样最后才能够达到净空的空间是符合模数的。总之，工业化是我们要追求的。

最后是灵活性的问题。这里也提到了将来灵活可变，现在可变性需要满足三个条件：一个是大空间，我看到这个平面大部分是承重墙比较多，这是经济一点，因为承重墙既经济又满足承重，但空间不太灵活了，空间灵活应采用框架结构或剪力墙，这样也可以做到内部的空间较大。第二个条件是分隔的墙应该是轻隔可拆装的，这是以后也要研究的问题。最难做到的是拆装以后设备、暖气片、插座这些也要跟着变，一开始说管线应该和承重结构分离，这样就可以更加灵活，但是现在的做法一种是架空楼房，还有一种是管道墙。第三个条件是两个小套变成一个大套的灵活方式。特别是在这样套型面积不大的环境下，灵活性是更有必要做到的。

四、张菲菲发言汇总

1. 听取滨海新区总体情况以及《滨海新区深化保障性住房制度改革实施方案》、《滨海新区住房建设"十二五"规划》、《滨海新区定单式限价商品住房购房人群研究》和《滨海新区房价收入比研究》汇报后发言：

今天我既服务于我们的几位局长，又服务于我们专家，我非常高兴的是今天专家表扬我们了，我特别的痛快，站在我们院的角度上，受到这几位专家对我们工作的表扬，我觉得心里热乎乎的，感觉非常好，而且我非常同意他们的观点。因为我一直有一个感觉，就是在多数规划工作中、设计工作岗位上，或者其他的工作岗位上，研究、分析、调查的工作总是滞后的。但是今天我们的调查工作、分析工作、研究工作与其他地方相比有提高，而且这是我们真正能够创新、踏实的工作，不知道这样说是不是确切，但给我的感觉非常好。这里面很多都是数字，这一点我觉得我们真是非常棒。所以专家们都说我们的目标明确、思路对、针对性非常强。

我们的工作是具有创新性的工作，因为其他很多地方的规划设计都是照搬、照抄然后克隆一个，而不管是否适用于自身。比如说县里盖一个大广场、村里也盖一个大广场，完全是克隆过来的，把人家的东西搬过来，没有经过具体的分析，没有经过具体的研究。而我们的滨海局一上来就做这个工作，我认为是非常棒的，所以针对性非常强，特点也非常明确，数据也非常具体，方法也比较明确。我自己感觉到刚才这几位说的我都是非常同意的。不仅是我们的规划，因为新区规划局包括了规划、设计、用地、管理等方面都是一体的，我自己觉得非常好，尤其是管理模式，符合我们现在的情况。在我们的规划工作中，也要因为你们这次的方法而调整，我想回去要跟院长（天津市城市规划设计研究院）说一下，根据你们现在做的这些调查，要求我们规划院在今后做每一个工作都得有依据。我觉得这次到这里来，我看到我们的规划设计有根据，至少我能够看出来。

我自己是这么觉得，我觉得我同意刚才赵冠谦的说法，我认为我们是创新的，而我们的创新是根据天津滨海新区保障房的人口特征进行分析的，我认为这个方法的本身在全国是领先的。我觉得我们有必要，是为了真正解决好住房这个大问题，可以将这些研究发表到全国城市住宅科学研究会。

我只有一个意见，就是关于市场的问题。刚才开彦也说了，不知道将来怎么市场化，怎么由政府主导并引导开发商，因为我们不可能回到完全的计划经济中去，这是市场经济进程中要引导过来的问题。其他的方面我和几位专家的意见非常相同，我十分满意。可以将这些课题研究向住建部申请作为试点。

2. 听取《临港示范社区修建性详细规划》和《滨海新区定单式限价商品住房户型设计指导意见》后发言：

修建性详细规划从单体来说还是不错的，尤其是南边和外部的关系很好。但这里面还应该说明社区与外界区域的连接情况。

这个规划我比较满意，社区规模很适宜、组织形式非常不错，半地下车库能够有所突破，我觉得挺好。这个方案的优点首先是混合式，我特别赞成混合式。因为我觉得北京的回龙观和天津的梅江都有这方面的问题，梅江每一个小区都做得非常漂亮，但是没有适合保姆住的地方，在那里生活也很不方便，没有吃早点的地方，需要用40分钟时间走到市里买早餐。我觉得这次你们做的是混合式，有公租房，有各种样的类型，我觉得非常好，而且这里面做了很多关于第三产业的商业配套，我觉得也是非常好。

二是我觉得容积率挺好，关键是住宅以18层为主。我比较满意的还有路网，我觉得还是要走路，不走路不太好。这个我觉得是做得挺好的。其他专家说过的我就不说了。

关于意见，一个是建议把公共绿地换在幼儿园的北侧，学校后面是公园挺好，前面是商业。

还有一个意见是我觉得天津市在盖住宅的时候，用赵老师的话就是全是一个圈地，上面一个尖，现在这里还不错了，还有点变化，将形式稍微调整使通风好一点。稍微突破一下，避免都是"牙签"，稍微变化一点，稍微放开一点。说句实话，在2003～2004年的时候，有一个广州的岭南花园项目，采用的是围合式的，而且是冷向，主要是为了解决阴天太阳的问题和风的问题。解决这两个问题，夏天的温度就可以降低2～3度，采用的就是围合式。我们应该再创造一点新意。

还有最后一个意见，我觉得咱们规划做得不错，各方面做得挺好，但一定要带上低碳和节能，也就是被动式节能。包括规划和住宅，把所有的东西都考虑到自然、绿色、低碳，我认为一定要加上这样一个内容。必须要做被动式，不是要加很多的钱。

关于户型设计的问题主要有：一是不节地，因为中国没有地，这个方案整个的体型系数比较少，在北方这样做不是非常好的，尽量做得更整齐一点；二是应考虑卫生间和厨房的精细设计，比如其中有个卫生间墙体轴线尺寸是1.5米是绝对不够的，应该要求净空至少1.5米。还有1.6米的厨房在炒菜的时候不够的，对刚制定的规范来说也是不够的。另外，有的厨房是背对自然光的，必须要开灯，如果有可能调整的话会更好一点。

住宅是很难做的，你们有很多的优点，比如都做了过渡空间，大量的考虑了储藏，而且功能的关系比较好。但是还要再细致一点，比如该方案的标准化不好，同一类型房间的尺寸都不相同，这对于标准化不好。

最后一件事情是关于厨房、卫生间，我认为厨房、卫生间的设计必须同时考虑水、暖、电的空间关系。比如中新生态城有个项目我去看了，发现一处很小的地方放了三个插座，设计人员介绍说电饭煲、微波炉等设备都要使用，我说你一个都放不了。就是说不深入，暖气片放在哪，水管放在哪，电器放在哪，要放多少电器，电器底下要干什么，非常的复杂，尺寸不对都不行，我希望要深入。我觉得你们做了很多的工作，而且你们学习日本、中国香港的经验，我都比较满意。这个方案的优点非常多，但是我觉得还要好好地修改。我觉得这次不管是规划也好、设计也好，成绩是主要的，非常好，但是我觉得还得努力。

五、周燕珉发言汇总

1.听取滨海新区总体情况以及《滨海新区深化保障性住房制度改革实施方案》、《滨海新区住房建设"十二五"规划》、《滨海新区定单式限价商品住房购房人群研究》和《滨海新区房价收入比研究》汇报后发言：

包括上午的现场参观在内，今天来这里是一个特别好的学习机会。前面专家说的和我的感觉差不多，好的方面可以归纳为三方面：

一是认真做这个研究，研究的方法特别正确，包括汇报的顺序从宏观到微观，是一层一层的，正想问的时候下一本就开始回答了，刚想提点什么就说到这一件事了，从宏观到微观一层一层剥落下来的方式特别的正确也比较科学。

二是具有创新性。对于保障房而言，这个规划和研究是针对本地区的一些特色开展的，尤其是定单式在全国是非常具有创新性的，今天也去看了，非常的有特色。

三是整个方案的深入程度，尤其是对地方特色的挖掘方面，应该是走在了全国的前面。我跟开彦和赵冠谦一样，都是与住建部❶保障房工作有接触的，包括最近和北京市的接触非常多，北京市也做了标准图集，而且现在北京市保障房中心成立以后已经开展实际工作了，包括对公租房的收购、建设等工作。拿北京市作比较，这里比北京市做得深入。虽然北京市也提出要分层，提出了人才房、老年房、职工房和青年白领等概念，但目前还停留在概念上，具体的户型、政策怎么分配还只是研究，没有往下深入，我觉得你们在这方面走在了前面。

第一个建议，是需要找社会学的专家来协助分析研究，包括保障房的后期管理、准入和退出制度，以及借鉴国外的先进经验。

第二个建议，从研究的角度来说，还可以从动态以及多元交叉的角度再进行深入研究。比如年轻人现在是蓝领或白领，将来变化可能特别快，年轻时处于恋爱阶段，过几年会结婚然后要孩子，之后父母会来，住房需求相应变化很快。再比如外来务工人员，对他们可以再进一步细分，例如按岁数进行划分，一些人过几年有孩子后需要买大房子，那么空出来的房子是否有新的住户，或是空置了，需要改变用途。动态和交叉应从三个

---

❶ 编者注：住房和城乡建设部。

方面考虑，首先是人的动态变化，其次是规划做相应调整。比如目前规划选址的周边是否有余地再增加建筑，将来工作地点是否会移动，移动后目前选址的服务半径是否足够等方面都需要考虑。动态的交叉要细算，横向和纵向都要计算，再比较结果是否相同。第三个需要考虑的是建筑设计，应具有灵活性和可变性，可以根据不同的需求将小户型合并成大户型。所谓的深化是把这些关系再往下放，得出的结果会更加真实。不能只从一个角度推导住房需求，而应用统计学里的其他方法，从动态和交叉角度再进行分析。

2.听取《临港示范社区修建性详细规划》和《滨海新区定单式限价商品住房户型设计指导意见》后发言：

前几位专家都说得特别好，大家都说到了，我简单说，我也是从规划的思想要求、交通配套、绿化这几个角度来说。先说一下交通，我觉得确实"密路网"这点非常好。我个人在日本工作学习期间，认为日本路网的特点就是特别密，多数是单行但不堵车，转来转去但不会待在一条宽路上动不了。如果把路变窄邻里街区的关系都非常好，这点非常认可。

公交站点有点不匀，有一些地方稍微松了一些，商业的地方比较少，可以设计得匀一点。另外有些地方没有生活道路，我觉得不匀。

我是这样理解，在日本他们有的地因为是私人的，一开始在一片建筑中间空置了几块，开始觉得挺浪费的，后来觉得挺好，因为将来有可能盖想要干的事情，其他的功能可以加进去，所以有意识的预留用地是很好的。

活动中心的绿化还是比较完整的，绿化现在做到块和点，这两方面做到了，除了玩以外加上一些公建，有一些活动非常好。

我觉得步行线路可以沿着绿色功能、商业功能、混合功能都穿过来，内容特别的丰富，有很强的意义。配套功能做成"一大三小"，一个配套中心三个小的站点是非常好的创新，昨天去参观康翠社区以后，感觉真的形成了邻里的关系，没有这个对人很难有向心力，社区感不会强，这点我觉得将来会在全国推广，我们想想将来怎么做好，这个是特别重要的一件事情。做得非常好，我觉得商业的位置在这里集中了邻里三个点也很好。

商品房、定单房和公寓住区设置在相邻地块，代表不同的人都在一起，有时候从社会学的角度来说是应该的，但也要看不同住户之间的收入水平和生活习惯是否相差过大，否则在包括购物、孩子就学等方面会造成不利影响。

我对户型设计进行了一些修改，我觉得整个来说也是做了不少的创新，有一些概念还是可以的，比如厕所出去可以晾衣服，这个概念可以成立，也想到了把厨房和卫生间标准化，这个方向是对的，但标准化做得对不对还是问题，卧室和起居的关系，哪个更应优先考虑等。

一是我觉得北方地区的住宅应该设置阳台，因为要储物，是生活中特别重要的一部分，一定要按照和卧室功能相同的重视程度去考虑，还有北阳台一定要有，可以储藏放一些物品。对于储藏，我觉得并不仅局限于对阳台这一个地方的理解，可以考虑在一个小过道做一个吊柜。二是把空调机位的脊背可以储藏东西的，风是向前吹的，空气容易流动效率高。

还有内部的分隔墙最好是非承重墙，家里隔声不是很重要，这样空间是可以灵活改变的，这个对于百年建筑来说是特别重要的地方。厕所不必两边都是承重墙，开间要有一定的标准化，能够达到标准化的时候尽量达到。

厨房的布置，应该考虑到厨具安全、方便的使用要求，管线管道布置、厨房面光操作、橱柜的标准化工业化等问题也要综合考虑。

厕所及晾衣阳台的布置，要针对不同的使用对象进行考虑，按照洁具以及地漏、坐便器、洗脸盆、洗衣机、风道、管井、热水器、晾衣杆等的实际使用情况进行分析研究。

门窗等类似的细节的问题也要注意，所有的窗户应重新检查一遍，要分清门窗究竟是往哪开，一定要画出来，同时考虑分一扇还是两扇，是内开还是外开等情况。

滨海新区和谐新城居住社区规划方案研究 [1]

第一章 研究目的

在高速城市化的近几十年，为满足各种住房刚性及弹性需求，我国的住房建设速度不断加快。住房快速的建设速度也带来了一系列问题：社区规划形态单一、建筑设计不断复制、生活环境越来越忽视行人和自行车、街道生活几近消失。为了解决或缓解上述问题，天津市滨海新区规划和国土资源管理局站在建设宜居城市、美好家园的高度，以建设高质量、高水平的保障性住房社区为原则，组织开展了相关的研究。

在研究中，特聘请美国新都市主义发起人之一丹尼尔·所罗门（Daniel Solomon）对滨海新区中部新城北组团开展了城市设计研究。研究尝试着在遵守现有住区日照规范的前提下，倡导围合式布局，营造符合日照要求、文化审美、人群心理、城市管理等要求的围合式保障房社区布局设计，并从公共服务设施、城市卖地模式及道路交通和停车等方面不断改善提高，通过提供多元化的住宅选择，为城市营造更丰富宜居的理想居住空间。天津市城市规划设计研究院滨海分院在丹尼尔·索罗门团队设计的基础上，针对实际管理中土地出让、容积率、物业管理等问题对方案进行了修改与完善，使之能够更契合实际应用。此次研究包括了丹尼尔·索罗门与天津市城市规划设计研究院滨海分院的方案，并穿插部分对国外保障性住房规划的案例评估，旨在结合工作实践，向规划同行传递我们的思考与总结。

第二章 研究背景

健康的住宅是健康城市的基础，日常生活中每天感受到的点滴幸福就是城市整体幸福感的源泉。当现今中国的大量现代居住小区满足了人们日照通风等基本生理需要的时候，人们却开始缅怀起看似拥挤嘈杂却又热闹亲切的传统生活，无论是北方的四合院、胡同还是南方的三间两廊与小巷，都曾给居住者带来愉悦的社区生活体验。我们相信在一个理想的社区中，物质空间基本功能的满足只是第一步，情感品质的需求更需要设计者的精心考量，本案尝试通过减小街廓尺度、建立精明交通、住宅围合布局、户型精心

---

[1] 作者简介：丹尼尔·所罗门（Daniel Solomon），丹尼尔·所罗门及合伙人设计事物所（Daniel Solomon Design Partners）负责人。
陈雄涛，天津市城市规划设计研究院滨海分院　总规划师。
毕　昱，天津市城市规划设计研究院滨海分院　规划师。

设计、改革和创新社会管理等，营造富有魅力的庭院生活、街道生活、城市生活，让居民在此真正享受到生活的安心与快乐。

新中国成立后，我国住区规划的历程大体可以分为三个阶段：1949～1978年是单位理论和居住小区理论的初步引入和早期实践；1979～1998年是居住区理论的发展成熟和小康住宅实验；1999年至今的新时期住区规划则呈现出以高层住宅为主的多样性布局特征。天津作为典型的中国北方城市，目前的住区形态以后两个阶段规划带来的影响为重。从谷歌地图上快速浏览后不难发现，天津主流的住区布局形态有三种：一是典型的居住区—居住小区—组团理论下形成的空间结构，如华苑居住区；二是新时期的多层板式住宅为主的行列式布局，如梅江万科水晶城；三是散点式布局的高层塔楼与行列式布局的多层板楼混合布置，以满足不同消费者的需求，如梅江卡梅尔住区。纵观这些布局形态，总结有两个主要的共同特点：一是超大封闭的街廓尺度；二是南北向行列式的绝对主导地位。这些特点都有着背后深层的社会发展原因，简而言之，前者满足了人们对人车分流、安静住区的基本生活期盼；后者则可以使居住单元获得良好的通风、采光等卫生条件，更重要的是符合快速向居民提供住房的建设速度要求。

天津华苑居住区

天津水晶城住区

梅江卡梅尔住区

滨海新区小康公共住房社区规划研究是在天津滨海新区迅速发展的背景下与政府推进百万保障房政策下的示范项目。在过去的二十年间，中国的住房建设以惊人的速度成长，以至于规划的基础原型与建筑形态都采用了简单而可以快速复制的形态：不断重复的行列式建筑、极宽的街道、漠视行人与自行车交通的超大封闭街廓，这成了中国住区建设甚至城市建设的主流都市形态。天津市规划院滨海分院与美国旧金山住宅设计专家Daniel·Solomon先生（美国新都市主义运动的奠基人之一）及天津华汇环境设计公司一起合作开展了规划研究，对这些"约定俗成"的模式乃至规范展开了自己的讨论与思考，尝试构建一种更好的住区规划模式原型，为都市的形态提供一种丰富性和更大的活力。

第三章 和谐新城方案

1. 路网模式与街廓尺度

（1）国内外路网的基本模式

20世纪机动化出行方式的大规模出现考验了所有路网的特性以及它们对移动性和城市生活的承载力。我国的城市道路体系将道路分作快速路、主干路、次干路和支路这四级，这是一种多有死胡同的层级式路网，类似于Radburn模式（Radburn本是美国新泽西州的一个小镇，但现在这个词已经成为该镇所采用的路网布局的代名词，Radburn可以被准确地被描述为一种蜂窝状的网络，包含等级化的街道，而非传统的均匀分布的街道和十字路口），试图建立一个完全人车分离的模式，通过修建地下通道、人行天桥等建立人与车的平行体系，在实际应用中这种模式却无法真正实现分离，人们依然愿意选择最近的道路。欧美大部分城市的传统格栅（Grid）式路网（不论是美国纽约Gridiron式狭长街区组成的路网，还是西班牙巴塞罗那Checkerboard式方块街区组成的路网）是一种小格栅开放路网，尽管它是在机动车交通大量出现之前就有的模式，它对于同时保障机动车的移动效率和非机动车及行人安全的能力还有些争议，但是，与那些有死胡同的层级式路网相比至少有如下优点：由于较小的街廓边长、高密度的十字路口，有效地减少了汽车拥堵和出行非直线系数；更适合步行者；能够更高效的组织公共交通；大大提升人们对城市的识别度，避免了迷路的恐惧。

在过去的二十年间，中国的机动车需求出现了巨大的增长，空气污染与交通拥堵已经成为中国城市发展不能回避的障碍。不可否认的是，对于新中产阶级来说，拥有私家车是极具诱惑的，但是，过分依赖于机动车已经对环境和都市造成了史无前例的巨大负面影响。国外的许多城市从巴黎、纽约到巴西的库里迪巴，都已经开始重新尝试以自行车与公交导向的出行方式。中国城市的道路模式既需要满足日益增长的机动车需求，也需要吸取西方国家的经验，同步建立步行、自行车以及公共交通导向的运输模式。

（2）探索"精明交通"的体系

规划研究尝试建立一种"精明交通"体系，正视机动车发展的需要，但不鼓励其无限制的增加，通过增设高质量的步行网络提供舒适愉快的步行体验，同时鼓励公共交通的出行方式。规划研究采用小街廓、不区分次干路和支路等级的格栅式开放路网布局方式，同时引入慢行通道的概念，使慢行道成为人们生活交往的重要场所。具体做法如下：将常见的超大街廓进行切割，在内部创造细密的小街廓（110米见方，约1公顷大小）与街道肌理（两排或三排住宅的围合）。我们认为小格栅网依然是最有效率的路网之一，

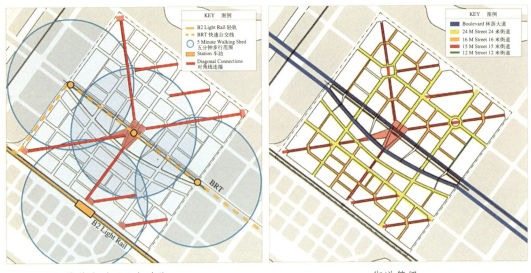

林荫大道及公交连线　　　　　　　　　　　　　街道等级

在此基础上斜向布置人行通道，它将连接区域内的各个社区与主要公共交通站点（包括新月形绿地中的 BRT 公交线、基地北侧的常规公交线和基地南侧 2 号、7 号地铁线），减少了小格栅网同时承载机动车与非机动车的压力，这些步行街道在我们深入设计中成为公共交往空间的标志性场所。另一方面，除周边需要满足大量通行的交通性干路适当加宽外，对于大部分的街道都采取了窄街的做法，建议邻里中心不提供路边停车，从而控制机动车的数量，营造出"慢行共享"的氛围，形成小汽车、自行车与人行的混合使用，在保证机动车效率的基础上大大提高了步行者和非机动车的安全性。总结以上三种路网及街廓同尺度比对图如下：

对角线商业街（15 米宽）　　　　　　　　　　主干混行路（24 米宽）

这种新的住区原型通过塑造新的社区邻里交往空间试图恢复传统城市中的丰富社区生活；同时针对中国现状环境污染与交通堵塞的双重问题，强化步行环境的营造与公共交通体系的发展，减少对小汽车发展模式的依赖。经过我们多次向滨海新区规划主管部门的汇报，此种路网街廓模式获得了试行认可。

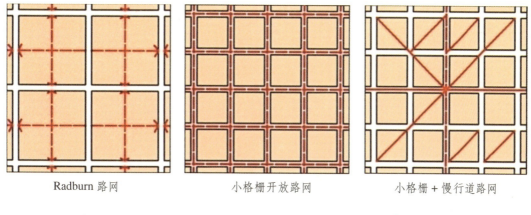

| Radburn 路网 | 小格栅开放路网 | 小格栅+慢行道路网 |

和谐新城路网模式

2. 日照规范与围合布局

(1) 功能主义的日照标准及影响

在中国北方,对于现状行列式居住模式突破的首要难题便来自于我国现行的日照规范,住房和城乡建设部先后颁布了四个规范(《城市居住区规划设计规范》GB50180—93、《住宅建筑规范》GB50368—2005、《住宅设计规范》GB50096—1999、《民用建筑设计通则》GB50352—2005)。天津一般新建住宅则是以大寒日日照时数不低于两小时为标准,且根据日照强度与日照环境效果确定了有效日照时间带是8:00～16:00对于日照的强制规范性要求造成了公众、设计师以及开发商对于行列式模式的习惯性接受。

日照观念来源于20世纪初期西方的功能主义影响，自1930年形成了一系列从健康和生理角度来评价建筑的准则，对住宅的照明、空气、阳光和通风等方面的要求，对住宅这一阶段的规划要求是建筑物向阳布置，而不是像先前一样沿街布置。功能主义的这一理念对自此之后的住宅规划产生了深远影响，板式建筑在国际建筑协会CIAM的倡导下，成为一个被广泛接受的标准。

西方国家在1930～1980年对此进行了实践，住宅的分散设置、统一朝向以及功能分区确实保证了日照与空气这一人类生理方面的基础要求，却在同时忽视了人们在心理上的需求，交往的需求，公共活动的街道空间消失殆尽。此外，这种多米诺军营式的布局模式千篇一律，颂扬着机械化与标准化却丧失了场所感与归属感。正当西方世界如法国、英国、美国等国家意识到功能主义至上的板式住宅的危害，开始放弃这种模式的时候，它却开始在中国广受欢迎，尤其是在日照受限的中国北方。行列式住宅带来的吸引力是显而易见的，从20世纪90年代初期，行列式住区模式迅速成为住区规划的主流，其代价是街道空间、邻里交往和庭院生活这些昔日场景在这20年间从公众的眼中悄然消失。

因此，规划研究缩小了街廓尺度（约1公顷）、增加了东西住宅，形成四面围合式的小街廓，激活了底层社区商业，既保持了南北向住宅所临的街道生活，还发展了东西向住宅所临的街道生活，让城市的横纵街道都丰富多彩，更重要的是在每个围合内形成安全、归属感极强的社区活动地带，冀此实现邻里和谐进而实现社会和谐。

（2）日照规范与围合布局的相容性论证

规划研究的一个关键因素在于论证小型围合街廓和天津的日照规范并不冲突，这两种看似矛盾的要求在融合之后，为住区布局提供了一种新的选择性尝试。

水平操控

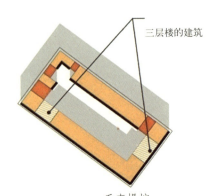
三层楼的建筑
垂直操控

方法一是精心设计"空隙"。根据研究基地的格网偏转角度（南偏西37°）的日照分析显示，除了三个地方以外（上图中标注红色的区域），一个由五层楼建筑构成的简易围合街廓可以满足多数的日照要求。假如这些红色的地方变成建筑之间的空隙，那么由于空隙太大，将无法创造一个凝聚的围合街廓，而我们认为各个方向上连续的临街建筑面是步行导向的城市规划的基础。针对这些红色区域可以采用浅进深单元的方式（水平操控）或降低遮挡体建筑高度的方式（垂直操控）使空隙缩小。剩余的红色区域可以成为建筑的特别部分，如大厅、社区活动室或者住宅单元中不需要满足两小时日照的空间，它们也可以是建筑之间的开口，作为街道到建筑内院的通道。虽然这个方法是为了本基地偏转的格网所发展，但也能够运用在多数偏离正南北朝向的格网上。

方法二是为迎合南向采光采用特殊的户型设计。方案范围内的街道格网是南偏西37°。在认可一般建筑的排列应与街道对齐是行人为本的城市规划重要元素的基础上，协调正南向单元与路网角度间的关系是方案需要考虑至关重要的因素。策略一是为斜向建筑南墙面设计正朝南的角窗（后来未被认为是正朝南），策略二是将南侧房间分别扭转成正南向。当道路格网只略微偏离正南北时，可以采用另一种不同的方法，将街廊东西两侧作为非住宅使用，或者采用特殊的锯齿形南北单元户型设计。三种策略如下图所示：

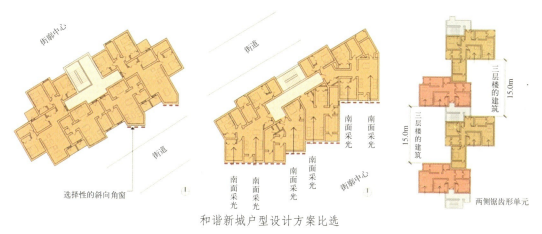

和谐新城户型设计方案比选

街廊3维效果图

至此，我们讨论的都是通过设计自身来解决日照规范与围合式街廊的矛盾，实际上还有许多方法能够帮助我们来实现围合式的住宅模式，包括从理念上的更新等，我们希望能够保持一个发散性的思维,而不把行列式作为符合中国北方日照规范的唯一形式,从而最终营造一个多元开放的城市形态。

3. 新模式与城市管理

（1）与社会管理模式创新的结合

除了院落生活与街道生活外,社区的活力同样体现在街坊中居民日常集中活动的场所,新都市主义宪章明确提出:市民机构、公共机构和商业活动的集中布置必须组织在邻里之间,且宜选择在重要的地点以提升社区的识别性与居民的交流度。

天津市目前的住区规划执行的依然是国家标准的"居住区（5万～8万人）—居住小区（1万～1.5万人）—组团（3000～5000人）"三级体系,对相应配套的公共服务设施数量做出规定,而没有对具体的配套形式和位置选定有所要求。滨海新区在此基础上创新发展,提出了"街道（10万人）—邻里（1万人）—街坊（3000人）"三级社会管理体系,并与之相应的提出了集中布局的社区中心、邻里中心与街坊配套设施理念（见下表）。

三级体系	涵盖的主要公共服务设施配套内容
社区中心	街道办事处 社区公园 图书馆 社区运动场等
邻里中心	社区服务站 幼儿园 邻里公园 生鲜超市 公厕等
街坊配套	文化活动室 社区服务店 早点铺 便利店等

这套体系对现行体系的最大优化之一是对公共服务设施配套提出了集中设置的概念,促进资源的集约与时间的有效利用,同时提供了社区居民集会交流的公共场所。规划研究将三个邻里中心都与步行交通相结合,将其布置在全区主要步行通道上,从而倡导步行外出与乘公交出行的生活方式,鼓励社区步行的舒适氛围。

（2）小街廓格栅路网的建设与管理

小街廓格栅式开放路网对国土管理部门可能是个挑战,对于相同面积的待出让土地,这种路网较原来的大街廓层级式路网增加了道路的面积。按目前的

和谐新城公共服务设施配套体系

国有土地出让方式,势必会增加土地出让的大配套费（大配套费又叫城市基础设施配套费、市政公用设施配套费,指按城市规划要求,为筹集城市市政公用基础设施建设资金

所收取的费用，专项用于城市基础设施和城市公用设施建设，包括城市道路、桥梁、公共交通、供水、燃气、污水处理、集中供热、园林、绿化、路灯和环境卫生等设施的建设），也就会增加房地产开发公司的土地购买成本，这对于本已高涨的房价无疑是雪上加霜。研究组认为这种新的路网布局将需要国土管理部门的大力支持才能由试行变成逐渐推广。另外，按照目前大街廓层级式路网形成住区的管理方式，规管、交管、容委、消防等部门对于住区内的事情一概不管，而房地产开发公司即使不承担增加的道路带来的额外配套费，也要负担细分道路的交通管理、环卫、绿化等维护工作。与土地配套费类似的是，这种模式需要参与城市建设和管理维护的各级部门与开发建设公司都有额外的付出。这也成了新模式实施的两大难点。

（3）销售市场的接受与推广

大部分房地产开发公司认为东西向住宅的销售前景堪忧。首先，我们认为从城市规划建设管理部门的角度加大对新模式的宣传和垂范，将会为公众和开发商的逐步接受奠定良好的基础。同时，规划研究认为通过精心的设计，也可为东西向住宅赢得了多种可能的销售市场认可：研究里就提出了一种锯齿形的户型，保证了每个主要房间都有南向日照。或者，对东西住宅采用小进深（8米左右）的户型也是不错的选择，典型的设计是100平方米的一户住宅会采用"面阔两间进深两间"的布局，小进深则采用"面阔两至三间进深一间"的做法，东西小进深户型在"滨海新区万科海港城"项目中得到了初步应用，实际销售情况良好。我们相信经过良好的宣传和部分房企的逐步接受，新的布局模式会推广开来。

（4）物业服务的精简配置

在目前的住宅市场上，好的房地产开发公司为了维护自己的品牌效应，往往都在盖好住区后，成立子公司来管理住区的物业。物业公司认为每个小街廓都需要配备保安和物业人员，这将大大增加成本，恶化其原本就不盈利的财务状况，只能由母公司每年进行补贴而运作下去。这里有个奇怪的现象，物业公司都认为物业费用是应该跟随城市的经济成长而隔些年就增长的，但业主委员会具有否决权，他们从来不同意涨物业费，所以物业的经营和取费模式都将有待改进。规划研究提出在每个小街廓配备无保安的门禁系统，业主发放门卡。若此法实在行不通时，在门口安装摄像头，由一个人员精简的中央控制室对若干个小街廓提供特殊情况下的开闭门等服务，而物业和绿化人员则依照中央控制室服务的规模来精简配给就可以了。

（5）道路交通与停车的建议

最后，基于道路拓宽的可能性，常规的做法是道路要先退绿线，再退建筑线。退线越多建筑离街道的距离越大，越发让街道上的行人不能亲近建筑。规划研究提出应该保持街道宽度的稳定，若出现交通量过于饱和的情况，建议应更多的检讨小汽车发展政策并大力发展公共交通。在次干路和支路同等对待的条件下（免除了次干路的退绿线），建筑物保持统一的退线（约5米）形成一律的街墙线，利于街道公共生活和街道安全眼的产生，为居民提供多样性的生活交往场所的同时，配套商业设施因为靠近街道而能够获得更好的盈利模式。我们的城市规划管理对住区的停车泊位配比也有着详细的规定[《天津市建设项目配建停车场（库）标准》(2010年)规定以户型60平方米, 90平方米, 150平方米三个临界值划定四个范围, 面

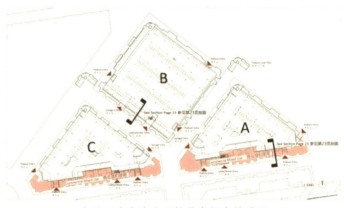

半地下式街廊全开挖停车场布局平面

积越大配建的机动车位越多而非机动车位越少]，研究认为按这种规定进行配置，会引导住区和城市依赖于以小汽车为主导的交通出行方式，因此，研究建议调低停车泊位配比率，并将整个地块进行整体开挖，建设半地下式停车库，库里设置机械双层停车，满足目前规范要求，待规范调低停车泊位配比后拆除机械设备实行单层停车，形成近远期结合的方案。

任何一种变革都需要反复实践，任何一种规划标准的执行都应认真考量，我们愿以本案为契机为住区模式提供一个新的思路，竭力与建筑师、开发商、城市管理者积极协调合作完成本方案模式的深化与实践，解决新布局模式与本土理念、文化、规范、管理的矛盾，消除公众心中的担忧，以人为本提供多元化的住宅选择，为我们的城市营造更丰富和理想的居住空间。

和谐新城鸟瞰效果图

宣传篇

滨海新区按照天津市的部署，始终把保障性住房建设视为新区最急迫、最直接的民生任务，列入打好开发开放攻坚战、争当深入贯彻落实科学发展观排头兵的重要内容，周密计划，积极推进，加大力度，加快发展。2010年，伴随着行政管理体制改革，滨海新区推出了五大改革，保障性住房制度改革位列其中。2010年6月，《天津市滨海新区保障性住房建设与管理暂行规定》推出时，新区政府就明确宣布：滨海新区担负着构建和谐社会，构建生态宜居城市，让新区人民安居乐业的责任，要在各方面先行先试。新区在应保尽保的基础上，继续提速扩面，使更多人享受滨海新区的保障性住房。

滨海新区深化保障性住房的新做法、新目标在广大市民中引起了广泛关注，三年来滨海新区记者多次对住房保障相关情况进行跟踪报道，在报道中充分发挥新闻宣传工作的作用，营造良好的舆论氛围，为推动保障性住房建设事业持续健康有序发展做出极大贡献。滨海新区于2012年建立了滨海新区住房保障网页，同步更新住房保障相关信息，使广大市民可以通过网页了解新区保障性住房的相关信息。

本章主要梳理了近三年关于滨海新区住房保障的媒体报道及网络宣传内容。

滨海欣嘉园盛大开盘　闪耀岁末滨海[1]

滨海欣嘉园项目于2010年12月18日开盘,开盘房源共计300套,全部为82～90平方米两室户型。

滨海欣嘉园项目坐落于天津市滨海新区黄港休闲居住区,东临西中环快速路,西临黄港大道,南临京津高速北塘站,北临黄港二库。项目距开发区西区10千米,距中新生态城11千米,距开发区12千米,距天津港19千米。滨海欣嘉园是滨海新区范围内规划面积最大的限价商品房项目,该项目由天津滨海建设投资集团投资,其下属的全资子公司天津滨海黄港实业有限公司开发建设。

开盘仪式

---

[1] 资料来源:新浪天津房产,http://ty.house.sina.com.cn,2010年12月19日。

宣传篇

现场摇号登记

项目经京津高速、津滨高速、京津塘高速可通达市区，经港城大道（原杨北公路）、西中环快速路（预计明年6月竣工通车）可通达开发区西区、中新生态城、开发区、天津港。另外,在公共交通方面,规划中的滨海新区轨道交通B2线终点站设于欣嘉园项目。该线路南起临港工业区、北至欣嘉园，是核心区西北至东南的放射线路。线路经过了于家堡、解放路商业中心、塘沽老城区、海洋高新区、南部新城、临港工业区等重点地区。项目内规划有公交首末站，今年底将开通一条至开发区的公交线路，始末站为滨海欣嘉园和太湖东路，途经图书馆、银河公寓、富士康、美克后门、富士通天等。明年将规划更多的公交线路，方便业主出行。

现场咨询

243

现场咨询

滨海欣嘉园项目规划总用地100.6公顷，总建筑面积150万平方米，其中住宅135万平方米，公建15万平方米，建筑密度15%，绿地率40%，建筑层数分别为11层、18层、24层、26层，总户数约为1.4万户。项目分为10个地块，分期开发建设，其中1～9号地块为居住用地，10号地块为商业服务设施用地。项目中规划建设三所幼儿园和两所小学。

项目开工面积已达百万平方米，一期开发建设的8号、9号地块，住宅总建筑面积约25.68万平方米，共建设34个楼座，2800余套房屋。建筑层数分别为18层、24层，绝大部分为80～90平方米的两室户型。该两个地块已于2010年3月28日开工，计划2012年4月底实现入住。

目前已开工建设的10号地块南侧配套公建，建筑面积约为6万平方米，主要为超市、商铺和餐饮功能。另外，地块北侧规划了建筑面积约为8万平方米的居住区级配套公建均与住宅同期建设。

根据新区政府于今年七月印发并执行的《天津市滨海新区保障性住房建设与管理暂行规定》，凡符合条件的客户均可前往滨海欣嘉园项目售楼处领取申请表，经新区住保部门审核，下发新区限价房购买证后方可购买。

天津滨海新区保障性住房申请受理工作进入新阶段 [1]

随着 2011 年的到来，天津滨海新区保障性住房申请受理工作也进入新阶段。日前，区规划和国土资源管理局和区民政局联合发出《关于滨海欣嘉园限价商品房配售工作的通知》（简称《通知》），滨海欣嘉园限价商品房申请工作昨天起开始受理。

据了解，具备天津市户籍和非天津市户籍的居民，在满足不同条件的情况下，可申请购买滨海欣嘉园限价商品房。《通知》指出，凡具备天津市户籍的申请人由户主或户主委托具有完全民事行为能力的家庭成员作为申请人。

据了解，2010 年 12 月 18 日，滨海新区范围内规划面积最大的保障房项目——滨海欣嘉园开盘。该项目坐落于滨海新区黄港休闲居住区，东临西中环快速路，西临黄港大道，南临京津高速北塘站，北临黄港二库。滨海欣嘉园项目规划总用地 100.6 公顷，总建筑面积 150 万平方米，其中住宅 135 万平方米，公建 15 万平方米，建筑密度 15%，绿地率 40%，建筑层数分别为 11 层、18 层、24 层、26 层，总户数约为 1.4 万户。项目分为 10 个地块，分期开发建设，其中 1 号、9 号地块为居住用地，10 号地块为商业服务设施用地。项目中规划建设三所幼儿园和两所小学。

具备天津市户籍居民申请条件及程序

具体申请条件、所需要件、申购程序与天津市限价房政策相同。按照《天津市限价商品住房管理暂行办法》和《关于放宽限价商品住房购买条件的通知》，同时符合以下条件的家庭可以申请购买限价商品住房：

申请人具有本市市内六区、环城四区及滨海新区范围内非农业户籍；

家庭上年人均收入低于 3 万元；

家庭住房建筑面积不超过 60 平方米；

家庭人口原则上在 2 人（含）以上，男超过 25 岁、女超过 23 岁的未婚人员及离异、丧偶人员也可作为单人户申请。

由户主或户主委托具有完全民事行为能力的家庭成员作为申请人，到户籍所在区房管局提出申请。

非天津市户籍居民申请条件

为解决来新区就业的非天津市户籍人员住房需求，经市国土房管局同意，由本人或委托具有完全民事行为能力的第三人（需持经公证的委托书），作为申请人，可申请购

---

[1] 资料来源：《滨海时报》，2011 年 1 月 21 日，记者陈西艳。

买滨海欣嘉园限价商品房。

凡非天津市户籍的中国公民，在滨海新区企业、单位就业，且在天津市区域内无住房的申请人可以申请购买限价商品住房。

申请人需持本人身份证、户口本的原件和复印件，由所在企业或单位开具的用工证明，本人住房情况证明（已有住房的提供房证原件及复印件）和《天津市滨海新区限价商品住房申请审核表》提出申请。

其中《天津市滨海新区限价商品住房申请审核表》可由企业或单位相关人员统一到滨海新区保障性住房管理中心（以下简称"住保中心"，地址在津滨发展大厦1216室，天津开发区第二大街42号）领取，领取表格无需证件。申请人则向企业或单位相关部门领取表格。

非天津市户籍居民申请程序

申请人首先向所在企业、单位提出申请，所在企业、单位受理申请，并对申请资格进行初审，工作时限5日。

企业、单位汇总本单位保障性住房需求，报住保中心，工作时限5日。

住保中心就申请人住房情况进行审核，符合条件的，纳入公示范围，工作时限5日。

住保中心将申请人情况进行公示，公示期为10日。

对公示情况有异议的，由住保中心在10日内进行核实。对经核实不符合申请条件的，由住保中心书面通知申请人。

公示期满，无投诉或经调查、核实投诉不实的，予以批准，住保中心发放《天津市滨海新区限价商品住房购买资格证明》，有效期1年。申请人持《天津市滨海新区限价商品住房购买资格证明》到售房单位购房。

房源不足时，住保中心在公证机构监督下组织售房单位摇号、排序、选房，并建立轮候名册。

取得天津市限价商品房购买证的申请人，可持证购买滨海欣嘉园限价商品房项目房源。

两会代表委员关注保障房建设[1]

3月9日讯 出席十一届全国人大四次会议的天津代表团代表和出席全国政协十一届四次会议的在津全国政协委员,就"如何搞好房地产市场调控"这一话题展开讨论。

全国人大代表张晓燕表示,通过颁布法律的方式,保障不同收入家庭的合理住房需求。她说,关于住房问题,应该建立起完善的法律体系,以维护大家的利益,使低端有住房,中端有保障,高端有选择。

全国政协委员孙丰源认为,房地产市场应该实行动态管理,而不是一刀切的方式。他说,对需要保障及资助的家庭应根据市场实际实行动态管理,当平均房价与家庭收入的比例超出合理范围时,这样的家庭就应纳入保障范围,不能简单地以低收入线来划分,这样的家庭由政府提供不同程度的资助,购买一定标准范围内的商品住房;对于更困难的家庭,则享受政府提供的廉租住房等。

全国人大代表李全喜表示,"十二五"期间,天津把加快中低收入群体的住房保障建设放在了房地产调控工作的首位。要改善40万户中低收入群众的住房条件,今年计划开工1200万平方米住房,23万套保障性住房,目前在建设、计划、规划、选址各方面工作进展迅速。

全国人大代表霍兵告诉记者,今年滨海新区将进一步深化保障性住房制度改革,加大保障性住房建设力度。滨海新区今年将新建保障性住房和政策性住房325万平方米,约3.7万套住房,目前各项工作正在准备和规划布局中。其中包括公共租赁住房、经济适用住房、蓝领公寓、限价商品住房和定制商品住房等几种类型。

---

[1] 资料来源:《滨海时报》,2011年3月9日,记者陈西艳。

天津滨海新区摸底市民保障房需求[1]

本次调查范围为新区内具有新区非农业户籍，家庭上年人均收入低于3万元，家庭住房建筑面积不超过60平方米的家庭。调查将采取以申代调方式，由符合条件的家庭直接填写各类保障性住房申请表。

从7月1日到7月31日，街道办事处（镇人民政府）组织居委会采取入户或现场办公等方式，组织申请家庭填写《天津市滨海新区限价商品住房购买申请调查表》、《天津市滨海新区公共租赁住房申请调查表》，并进行初审。

8月1日至15日，塘、汉、大管委会住房保障部门和民政部门将对申请家庭住房情况与收入情况进行审核。由各管委会住保部门组织街道办事处建立轮候名册和数据库，并上报区规国局，分析确定新区2012～2013年保障房需求量。

记者从区规划和国土资源管理局获悉，为做好新区保障性住房建设管理工作，建设具有新区特色的保障性住房体系，新区将有针对性开展保障性住房需求摸底。通过本次调查，摸清新区中低收入家庭住房状况，为健全住房保障制度，完善住房保障政策提供依据，力争到2013年完成对新区中低收入住房困难家庭应保尽保的既定目标。

据了解，本次调查区规国局和区民政局共同组织，联合塘汉大管委会相关部门、街道办事处（镇人民政府）组成调查小组共同实施。调查范围为新区内具有新区非农业户籍，家庭上年人均收入低于3万元，家庭住房建筑面积不超过60平方米的家庭。

本次调查将采取以申代调方式，由符合条件的家庭直接填写各类保障性住房申请表。从7月1日到7月31日，街道办事处（镇人民政府）组织居委会采取入户或现场办公等方式，组织申请家庭填写《天津市滨海新区限价商品住房购买申请调查表》、《天津市滨海新区公共租赁住房申请调查表》，并进行初审。8月1日到8月15日，塘沽、汉沽、大港管委会住房保障部门和民政部门组织人员对申请家庭住房情况和收入情况进行审核。

对符合准入条件的，由塘沽、汉沽、大港管委会住保部门组织街道办事处按照住房、收入情况建立轮候名册和数据库（享受租房补贴、低保户优先），统一上报区规国局。最后，区规国局将根据调查成果，分析确定新区2012～2013年公共租赁住房、限价商品住房需求量，按照应保尽保原则编制建设计划。

为解决中低收入住房困难家庭及外来人员的住房问题，新区启动了保障性住房制度

---

[1] 资料来源：《滨海时报》，2011年7月11日，记者陈西艳。

改革。2010年，在天津市保障性住房政策框架下，结合实际情况，新区制定了《天津市滨海新区保障性住房建设与管理暂行规定》，取得了一定成果。今年，新区再次将深化保障性住房制度改革列为"十大改革"的重要项目，进一步完善保障性住房配套政策和运营管理机制。新区将强化政府职能，加大土地供应，完善规划、土地、建设和融资等配套政策。创新申请、退出和交易制度，完善定价和分配机制，建立长效投入运营机制。加快各类保障性住房建设，扩大保障覆盖面，建设具有新区特色的保障性住房体系。

滨海新区欣嘉园商业广场完工[1]

中国网·滨海高新讯 昨日，本市滨海欣嘉园保障性住房项目的配套工程——欣嘉园商业广场建设全部完工。据了解，该商业广场建筑面积达4.3万平方米，主要包括超市、商铺和餐饮三大功能区，投入使用后可为居民提供极大的生活便利。

施工人员正在整修欣嘉园周边道路

---

[1] 资料来源：《渤海早报》，2011年7月26日，周伟。

滨海新区廉租房和经济租赁房租房补贴调查结果出炉[1]

目前新区享受廉租住房补贴的家庭数共1969户,享受经济租赁住房租房补贴的户数为11户。其中按规定将廉租住房租房补贴用于租房的户数共1952户,租房率为99.2%,而享受经济租赁住房租房补贴的家庭则全部按规定将补贴用于租房。

今年新区进一步完善和创新住房保障方式,构建新区多层次、多渠道、科学普惠的住房供应体系,做到"低端有保障、中端有供给、高端有市场",向不同收入人群提供不同性质的住房。家庭人均年收入2万元以下,人均居住面积在12平方米以下的家庭,可享受政府的廉租住房租房补贴和经济租赁住房租房补贴。

记者从区规划和国土资源管理局获悉,新区廉租住房和经济租赁住房租房补贴使用情况调查结果出炉,目前新区符合条件家庭已全部享受廉租住房和经济租赁住房租房补贴,享受补贴家庭租房率为99.2%,无挪作他用现象发生。

据调查,目前新区享受廉租住房补贴的家庭数共1969户,享受经济租赁住房租房补贴的户数为11户。其中按规定将廉租住房租房补贴用于租房的户数共1952户,租房率为99.2%,而享受经济租赁住房租房补贴的家庭则全部按规定将补贴用于租房。据了解,未租房的原因在于出租户收回出租屋,在房屋租赁一年备案期间内,享受补贴家庭暂时未找到合适的房源来续租,只能借住或暂住,造成核查时未能租房。

据悉,为了摸清享受廉租住房租房补贴和经济租赁住房租房补贴家庭实际租房情况,防止补贴挪作他用,帮助低收入家庭解决租赁住房问题,进一步完善新区保障性住房配套政策和运营管理机制,健全新区住房保障制度,新区开展了此次调查。今年新区进一步完善和创新住房保障方式,构建新区多层次、多渠道、科学普惠的住房供应体系,做到"低端有保障、中端有供给、高端有市场",向不同收入人群提供不同性质的住房。对于中低收入住房困难家庭,新区采取发放两种补贴、建设两种保障性住房的方式。家庭人均年收入2万元以下,人均居住面积在12平方米以下的家庭,可享受政府的廉租住房租房补贴和经济租赁住房租房补贴。目前新区符合条件家庭已全部享受,解决了最低收入家庭的住房问题。

两种保障性住房指公共租赁住房和限价商品住房,对家庭人均年收入3万元以下,人均居住面积12平方米以下的家庭,政府提供公共租赁住房,租金价格相当于市场

---

[1] 资料来源:《滨海时报》,2011年9月13日,记者陈西艳。

价格的70%。目前新区符合条件的家庭有2600余户。对家庭人均年收入3万元以下，住房面积60平方米以下的家庭，政府提供限价商品住房。以上家庭是按照目前全市的统一政策列入保障性住房范围，新区到2013年做到应保尽保。以后根据政策调整，动态满足。

滨海新区保障性住房建设：打造新区人"新家园" ❶

前不久，记者来到滨海新区范围内规划面积最大的保障房项目——滨海欣嘉园。在销售中心，记者正好碰到来买房的王连秋。王连秋是一位设备工程师，就职于天津开发区某外资乳品包装机械公司。"今天是来签协议、交定金的。"在滨海欣嘉园销售中心的签约室，王连秋交了5万元定金，签了各种协议。问题看似繁琐，但一想到未来的幸福图景，王连秋的喜悦之情溢于言表。

"我是天津本地户籍，但家在宝坻区。每天往返新区和宝坻之间是不可能的。"他告诉记者，他的妻子也同在公司工作，多年来，他们一直租房子住，想置办个家，但一直没有找到合适的。

2010年，滨海新区开始保障性住房制度改革，这对王连秋是一个喜讯。2010年9月，他提交了新区限价商品住房的申请。今年3月，他来到滨海欣嘉园进行实地查看。"感觉这里的配套、环境还有未来规划很不错，所以一拿到购买资格证，就决定来买房子。"他选择了一套96.45平方米的房子，"三口之家刚好合适。"王连秋告诉记者，他现在最关心的还是欣嘉园配套小学的问题，"我的孩子已经上小学一年级了，现在在天津泰达枫叶国际学校读书，听说欣嘉园规划建设3所幼儿园和两所小学，不知道正式入住时能不能同步在这边的小学入学。"

记者随后来到欣嘉园欣雅苑，走进16号楼2层的样板间，幸福家庭的感觉扑面而来。83.8平方米两室一厅、90平方米两室两厅的房型，阳光透过窗户洒进房内，温暖而又明亮。

据介绍，滨海欣嘉园一期已经竣工，商业广场已完工。目前，该项目的购房者中，约50%是外地来新区就业者。未来，这里将成为新区人的"新家园"。

---

❶ 资料来源：《滨海时报》，2011年9月21日，记者陈西艳。

《滨海新区蓝白领公寓规划建设管理办法》正式出台[1]

中国网·滨海高新讯 记者从滨海新区规国局获悉，日前，《滨海新区蓝白领公寓规划建设管理办法》（以下简称《办法》）已正式出台，该办法对滨海新区蓝白领公寓的规划与计划、建设与管理、规划建设技术指标、申请程序、退出管理、监督管理等内容都做了详细规定。根据《办法》，蓝领公寓人均建筑面积大于6平方米、小于8平方米；白领公寓人均建筑面积控制在30平方米以内，单元式套型面积不大于60平方米。与所属功能区内企事业单位签订劳动合同的员工均为服务对象，蓝白领公寓只租不售。

公共设施配套一应俱全

《办法》对蓝白领公寓项目的规划建设指标进行了明确规定。蓝领公寓人均建筑面积6至8平方米，每间居住不得超过8人，非机动车按居住人口的60%考虑。白领公寓人均建筑面积控制在30平方米以内，单元式套型面积不大于60平方米，机动车按居住人口的20%考虑，非机动车按居住人口的30%考虑。

对于公共设施配套，《办法》也有明确标准。蓝白领公寓的公共服务设施均将根据周边社会化服务设施配套情况安排，确保居住者在包括餐饮、购物、文化、金融、医疗、健身、理发美容、洗衣等各方面的需要。其中，蓝领公寓配套公建面积应占项目总建筑面积的6%～8%，白领公寓配套公建面积应占项目总建筑面积的8%～10%。配套主要项目包括公共食堂、特色餐厅、超市、银行、邮局、洗衣店、多功能厅、数字阅览室、保健站、美容、理发、健身房、物业管理、设备用房和消防控制室、治安室、劳动社区工会团委联合办公室等，此外，《办法》还要求蓝领公寓配套建设室外运动场及集会用室外多功能广场等设施，且公寓每层应设有盥洗室、卫生间、公共洗衣房和活动室。白领公寓要求配套建设室外小型运动场和公园，套内设含有洗浴设备的独立卫生间，设置厨房或具备厨房功能的专用区域，要提供有线电视、电话和宽带接口，预留洗衣机位置。

水电费价格执行居民标准

《办法》规定，蓝白领公寓由各管委会负责组织实施，通过两种渠道筹集资金，进行开发建设：其一是各管委会自行建设。各功能区出让土地使用权政府净收益的10%由区财政局统一提留、专户存储，各管委会依据区人民政府蓝白领公寓年度建设计划向区规划国土局提出使用资金申请。经区规划国土局现场核验，出具资金核拨审批单，区财政局将资金拨付给项目所在功能区。本年度没有建设计划，专项资金转入下年使用。专

---

[1] 资料来源：《滨海时报》，2011年11月10日，记者陈西艳。

项资金不足部分通过银行贷款和管委会其他自有资金解决。

其二是吸引社会资金投入建设。蓝白领公寓用地可以协议出让，建成后由企业持有产权并按规定运营管理。对于运营管理合理亏损，各管委会可以用专项资金以购买公共服务名义给予合理补偿。

蓝白领公寓租金标准由所属功能区价格管理部门结合本功能区实际，参照市人民政府指导租金制定，报区主管部门和物价部门备案。蓝白领公寓水、暖、气、电等收费价格按居民标准执行。

购买住房后须退出

对于退出条件，《办法》也做了明确规定，凡购买或承租了其他住房，或者申请人不在对应服务功能区或企业就业的，以及出现不符合承租蓝白领公寓的其他情形的，所属功能区管委会管理部门收回承租房屋。

天津滨海新区保障性住房规划设计专家研讨会召开 ❶

12月3日~4日,天津滨海新区规国局组织召开滨海新区保障性住房规划设计专家研讨会,中国建筑设计研究院国家设计大师赵冠谦、清华大学建筑学院教授周燕珉、中国房地产研究会人居环境委员会教授级高级建筑师开彦、中国城市科学研究会常务理事王明浩、天津城市规划设计研究院顾问总建筑师张菲菲等专家就新区保障性住房体系的相关政策、规划建设等问题进行研讨。

研讨会听取了《滨海新区深化保障性住房制度改革实施方案》、《滨海新区定单式限价商品住房购房人群研究》等介绍与汇报。专家们还特别就准入条件、规划建设布局、市场化运作等问题进行深入探讨。专家们认为,新区的保障性住房制度改革目标明确、方法科学、针对性强,针对各阶层人群实际状况与需求提供不同保障性住房,既实现了"保障"的初衷,也为新区的未来发展提供了强劲动力,有望为全国深化住房制度改革提供经验和示范。王明浩在接受记者采访时表示,新区的保障房制度真正体现了"以人为本",将切实解决社会普遍关注的"夹心层"住房困难问题,有助于提高城市空间布局和人口结构分配合理化程度,将进一步促进房地产市场的健康良性发展。

---

❶ 资料来源:《滨海时报》,2011年12月5日,记者陈西艳。

滨海欣嘉园迎来首批住户　各项生活配套全面启动[1]

欣嘉园首批住户

滨海新区范围内规划面积最大的保障房项目——滨海欣嘉园项目，昨日正式交付使用。首批262户居民将分批办理入住手续，实现安居滨海新区的梦想。

首批居民入住

在现场了解到，交房现场业主们的情绪十分高涨。首批业主之一张宇说，他是宝坻人，平时住在塘沽的姐姐家里。此前全家帮他一起到处看房，但价格都比较高。欣嘉园的配套等让他们感觉非常完善，交通也较方便，他对这里的环境非常满意。记者也看到，这里的药店、超市、餐厅等都已开始营业，社区警务室民警也已到岗。

此次参加欣嘉园首批交房的260余名业主将于4月21日至25日统一集中至项目现场办理入住手续。截至4月20日，滨海欣嘉园首批交房各项入住工作已准备妥当。

生活配套全面启动

随着首批居民入住，欣嘉园的各项生活配套将即刻启动。

目前，滨海欣嘉园紧邻滨海新区骨干道路——西中环快速路已通车。继通往开发区的521路公交线路开通后，一条通往开发区西区的全新公交527路将于近日于欣嘉园公交场站始发。伴随着通往塘沽核心区的线路于今年开通，欣嘉园业主的出行将更为便捷。

---

[1] 资料来源：《滨海时报》，2012年4月21日，记者陈西艳。

此外，社区内的便利店、餐饮、药店、通信及社区警务等生活基础设施已同步运行，生鲜蔬菜市场、建材五金市场也在紧锣密鼓地筹备，开发商现正积极进行欣嘉园幼儿园、小学的建设，确保入住后业主正常使用的同时，积极推进医疗、社区服务等各项配套的引入。

据介绍，欣嘉园项目总建筑面积150万平方米，已整体开工100万平方米，竣工26万平米。年底，欣嘉园项目预计将有1200户居民入住。

今年将开建17个项目

据了解，今年滨海新区计划开工建设保障性住房200万平方米，共17个项目，包括蓝白领公寓、经济适用房和定单式限价商品房等不同类型，致力于解决外来务工人员、外来就业者及通勤人口等不同类型人员的住房问题。"十二五"期间，新区保障性住房建设规划占地面积为10平方公里，建筑规模约为1500万平方米。

据介绍，针对定单式限价商品房，新区每年将组织两次需求调查，调查内容包括房型、面积、位置等，根据调查结果，制定建设计划。

滨海新区创新住房保障共享发展成果[1]

新区始终把保障房建设作为最急迫、最直接的民生问题,周密计划,积极推进,加快发展。2010年,新区管理体制改革后推出了"五大改革",保障性住房制度改革就位列其中。2011年,新区全面推开"十大改革",深化保障房制度改革依旧是重要内容。保障房制度改革的深入和保障性住房建设的推进,成为新区打好攻坚战、争当排头兵的一项重要举措。

两年来,新区共开工建设保障性住房(其中包括公共租赁住房、经济适用住房、限价商品住房、定单式限价商品住房)687万平方米、8.5万套。截至目前,已竣工保障性住房211.03万平方米、24283套。目前,在建保障性住房476.03万平方米,61393套。中低收入居民住房问题实现了应保尽保,保障性住房惠及"夹心层",流动人口纳入住房保障的探索取得了巨大成效。

日前,天津市滨海新区范围内规划面积最大的保障房项目——滨海欣嘉园项目,正式交付使用。首批262户居民将分批办理入住手续,实现安居滨海新区的梦想。

今年新区计划开工建设保障性住房200万平方米,共17个项目,包括蓝白领公寓、经济适用房和定单式限价商品房等不同类型,致力于解决外来务工人员、外来就业者及通勤人口等不同类型人员的住房问题。"十二五"期间,新区保障性住房建设规划占地面积为10平方公里,建筑规模约为1500万平方米。

根据《滨海新区深化保障性住房制度改革实施方案》,新区将进一步完善和创新住房保障方式,在确保户籍人口低收入人群应保尽保的基础上,重点解决外来常住人口和户籍人口中"夹心层"的住房问题,做到"低端有保障、中端有供给、高端有市场",构建政府主导、市场引领,多层次、多渠道、科学普惠的住房供应体系,率先实现小康社会的居住目标。

"两种补贴"

中低收入人群实现"应保尽保"

滨海新区在国家和天津市的政策框架内,以"保障"为硬措施,以"安居"为目标,以构建和谐社会为落脚点,对中低收入人群实现"应保尽保"。

按照滨海新区目前的政策规定:人均年收入2万元以下,人均居住面积12平方米以下的家庭,均属于新区保障的低收入家庭。这也是新区保障房制度保障的底线标准。目前,

---

[1] 资料来源:《滨海时报》,2012年5月16日,记者陈西艳。

这类家庭在新区有 2000 多户。对于这些家庭的住房困难，新区全部进行"兜底"，主要采用发放补贴的方式予以保障，每户家庭最低月租房补贴额为 410 元。目前，新区符合条件的家庭已全部享受这一政策。

"两种保障性住房"

缓解"夹心层"住房困难

"夹心层"的住房问题，一直是社会关注的热点。这部分人群往往年纪轻、有梦想、执着于机遇。新区恰恰是这类人群汇集的创业热土。滨海新区的保障性住房制度改革使"夹心层"也享受到保障房政策的温暖。目前，新区通过公租房和普通限价商品住房这两种保障性住房化解他们的尴尬。

从 2010 年开始，新区通过普通限价商品房来满足这部分人的住房需求。只要有新区非农业户籍，家庭住房建筑面积不超过 60 平方米，家庭上年人均收入低于 3 万元，并且申请前的五年内没买卖过房产，都能申请普通限价商品房。

2011 年，新区继续进行探索。在原有条件不变的情况下，对家庭人均年收入 3 万元以下、人均居住面积 12 平方米以下的家庭，也提供公共租赁住房，租金价格相当于市场价格的 70%。保障的范围进一步扩大，保障的标准进一步提高，新区的保障性住房供应体系进一步完善，并开工建设公共租赁住房和普通限价商品房，两年内将全部竣工，做到对符合条件的家庭都有房源提供。

如今，在滨海新区实现"安居"已不是奢望，公租房、普通限价商品房使中低收入人群的住房梦想照进了现实。滨海新区的保障性住房制度改革，正惠及更多人群，聚拢更多的人创业在滨海、乐业在滨海、安居在滨海。

"两种政策性住房"

外来人口住房有保障

外来人口是我国城市化进程中不可忽视的存在。滨海新区面对"新滨海人"大量涌入、外来人口快速增加的现状，果断行动，将对外来人口的"保障"落在了实处。

滨海新区在保障房制度改革中，创新性地提出"优先解决来新区就业的各类人员住房困难"，将外来人口纳入保障范围，推出两种政策性住房：蓝白领公寓和定单式限价商品房。大批外来人口的住房需求得到满足，企业的后顾之忧迎刃而解。这一举措成为滨海新区招商引资、吸引企业落户的一大优势。

记者在中心渔港蓝领公寓看到，公寓分为四人间和六人间居室，按平均每两个人配备一间独立卫生间，生活必需的家具齐全。蓝领公寓生活配套齐全，超市、餐厅等设施按照服务公寓的标准设置。一位在滨海鲤鱼门工作的山东小伙子告诉记者，他们四个人住一间居室，平均每个月花一两百元就完全可以了，生活很方便。

如今，新区已建成 200 余万平方米蓝白领公寓，分布于天津开发区、天津港保税区、中心渔港、轻纺经济区等多个区域，解决了 20 多万职工的住房需求。2011 年，新区又开工建设了 91 万平方米，能满足 10 万人的需求。建成高级人才公寓、白领公寓、蓝领公寓、建设者之家等 30 余处，住房 35821 套，床位 20 多万个，同步配备了完善的生活配套设施，制定了每月仅 120～150 元的低廉收费标准，为外来建设者营造了安居之所。

对于企业需要的人才，新区提供专门为企业定制的定单式限价商品房。

在欣嘉园的交房仪式上，首批业主之一张宇告诉记者，他是宝坻人，平时住在塘沽的姐姐家里。此前全家帮他一起到处看房，但价格都比较高。欣嘉园的配套等让他们感觉非常完善，交通也较方便，他对这里的环境非常满意。

目前，滨海欣嘉园是新区范围内规划面积最大的限价商品房项目。只要是在新区工作的，本市户籍在本市范围内只有一套住房、非本市户籍在本市无住房的职工都可以购买，每个家庭只能购买一套。这种惠及职工也满足企业需要的准入条件，一下子使许多原本被排除在保障范围外的人群进入了保障体系，享受到新区保障房政策带来的实实在在的好处。

滨海新区处于改革开放的前沿，项目云集，地域广大，企业快速聚集，解决职工的住房需求，直接关系到企业对员工的吸引力，关系到外来人口的稳定。于是，蓝白领公寓、定单式限价商品房，成了帮助落户企业解除后顾之忧的配套工程。

富士康（天津）精密工业有限公司便是受益企业之一。公司资深副理郑胜忠告诉记者，富士康把住房当成吸引员工的重要手段，针对不同员工推出了不同的解决方案。滨海新区的蓝白领公寓对该公司一线员工非常有吸引力。目前，坐落于天津开发区第十三大街的天富公寓，是富士康员工公寓，将为富士康在开发区生产基地内的 9000 多名员工提供居住服务。定单式限价商品房也为企业中高层管理人员迁入新区提供了条件。郑胜忠表示："价格本身非常有诱惑力，再加上公司根据员工不同情况提供的奖金，买房不会给他们造成太大的负担，为员工安心在企业工作提供了很大便利。"

新区政策性住房的推出，使外来人口无需再"流动"，避免了"潮汐式"上下班方式给交通、生活带来的巨大压力。更多的"稳定感"为企业解决人才"来不了、留不住"的问题提供极大的帮助。同时，企业也进一步增强了对新区的"向心力"。

值得一提的是，滨海新区在保障房规划建设中，充分考量工作圈、生活圈、居住圈在空间分布上的关联性，体现城市发展的宜居理念。2011 年，新区出台了《滨海新区蓝白领公寓规划建设管理办法》，对公共服务设施的安排进行了明确规定。定单式限价商品房的建设也是如此。目前，滨海欣嘉园紧邻滨海新区骨干道路——西中环快速路已通车。继通往开发区的 521 路公交线路开通后，一条通往开发区西区的全新公交 527 路将于近日于欣嘉园公交场站始发。伴随着通往塘沽核心区的线路于今年开通，欣嘉园业主的出行将更为便捷。此外，社区内的便利店、餐饮、药店、通信及社区警务等生活基础设施已同步运行，生鲜蔬菜市场、建材五金市场也在紧锣密鼓地筹备中，开发商现正积极进行欣嘉园幼儿园、小学的建设，确保入住后业主正常使用的同时，积极推进医疗、社区服务等各项配套的引入。

着眼发展、超前规划，对配套设施高标准要求的保障房，不但满足现实需求，也着眼未来发展，既有保障的基准点，也有建设生态宜居新城区的高标准。

保障标准高，保障范围广，新区保障房制度改革旨在率先实现小康社会的居住目标，是建设和谐社会首善区的组成部分。新区的保障房制度改革，体现的是"以人为本、执政为民"的理念，传递的是让改革发展的成果及时惠及民生的信息，使更多人在滨海新区安居的梦想得以实现。

网络宣传

滨海新区住房保障网界面

滨海新区住房保障网页包括：保障性住房动态、机构职能、信息公开、住房保障办事指南、政策法规五大部分内容。

其中保障性住房动态提供关于滨海新区保障性住房政策、新闻报道方面的最新内容和项目进展等综合内容。机构职能主要介绍住房委员会办公室、规划和土地资源管理局住房保障处、保障性住房管理中心的行政职能与工作范围。信息公开主要提供保障性住房的工程建设情况。住房保障办事指南提供对申请保障房的条件资格、证明、政府的补贴等细则的详细说明。政策法规提供关于保障房的具体法律、法规、条文等规范内容。

后 记

滨海行政体制改革于2009年底启动，撤销塘汉大等行政区，组建了滨海新区。新区政府成立之后，组建了滨海新区规划和国土资源管理局（房屋管理局），负责滨海新区保障性住房建设与管理工作。

回顾三年滨海新区保障性住房的发展历程，在区委、区政府的领导下，在社会各界及相关部门、单位的支持下，从体系建立、政策制定到规划建设，从无到有，取得了阶段性成果。2010～2013年，滨海新区先后出台了《滨海新区深化保障性住房制度改革实施方案》、《滨海新区深化保障性住房制度改革实施意见》、《滨海新区保障性住房建设与管理暂行规定》、《滨海新区蓝白领公寓建设与管理办法》以及《滨海新区定单式限价商品住房管理暂行办法》等保障性住房政策文件。通过对新区保障方式、保障范围、规划配套、建设标准的创新和完善，为深化保障性住房改革打下了基础。在完善保障性住房政策的同时，滨海新区加大保障性住房建设力度，2010～2013年新区建设各类保障性住房10.49万套，累计保障人口45余万人。已基本满足现阶段保障人群住房需求。

滨海新区结合城市建设，立足于城市竞争力提升、城市功能优化及人居环境改善，从规划、配套、设计、建设等方面入手，开展一系列保障性住房相关课题研究。同时，邀请国内知名专家开展研讨，为滨海新区保障性住房规划建设"把脉"。坚持"走出去、请进来"，到新加坡、日本及中国香港等公共住房发展较成熟的国家或地区调研取经，为滨海新区保障性住房创新和实践，提供了丰富的经验和理论支持。与美国丹尼尔·索罗门及合伙人设计公司等国外著名住房设计公司交流合作，拓展保障性住房设计理念，提升设计水平。通过不断消化总结和创新实践，走出滨海新区住房保障新道路，使之更具滨海新区特色，更符合滨海新区发展，打响滨海新区品牌。

当前我国正处于全面建设小康社会的历史阶段，作为国家综合配套改革试验区，滨海新区理应发挥先行先试优势，探索区域发展和城市品质提升的新模式，为全国提供经验示范。以提升住房品质带动整体城市环境品质的提升，是我们一直努力的方向。其中，如何提升保障性住房品质是事业能否成功的关键，"穷则变，变则通，通则达"，下一步，我们继续坚定不移走改革创新之路，在应保尽保的基础上，以"以人为本、安居乐业"为主题，以规划设计为龙头，借鉴国内外好的经验，从保障性住房适用性、环境性、经济性、安全性、耐久性等方面入手，结合住房需求、住房收入比、指导房型、绿色建筑等研究成果，继续深入研究探索，逐步推进标准化、产业化进程，打造滨海新区保障性住房品牌效应，开创具有新区特色的住房保障新局面，为全国住房保障事业发展提供更多更好的经验和示范，将住房保障事业做大做强，为建设小康社会贡献力量。

审视当下、放眼未来，目前滨海新区的保障性住房研究和建设也只是刚刚起步，总体水平还有待提升，未来之路尚任重而道远。

天津市滨海新区规划和国土资源管理局局长　霍兵